AF355054

Mass customization
Las claves de la personalización masiva

Blas Gómez Gómez

Con la colaboración de:

www.logisnet.com

Colección: Biblioteca de logística
Director: David Soler

Mass customization. Las claves de la personalización masiva
1.ª edición, 2007
2.ª edición, 2012
3.ª edición, 2016

Edita: Marge Books
Avda. Alcalde Moix, 28 - 08207 Sabadell (Barcelona)
Tel. 931 429 486 - marge@margebooks.com
www.margebooks.com

Gestión editorial: Hèctor Soler
Edición: Cristina Torres
Compaginación: Mercedes Lara
Impresión: Servicecom (Alcalá de Henares, Madrid)

ISBN: 978-84-15340-53-9
Depósito Legal: B 5752-2016

Índice

Introducción 11

Capítulo 1
El horizonte empresarial actual 13

1.1 Del artesano al fabricante 15
1.2 La producción masiva y las economías de escala 17
1.3 Fundamentos del paradigma de la producción masiva 18
1.4 Retos del nuevo horizonte empresarial 19

Capítulo 2
La estrategia de la personalización masiva 23

2.1 ¿Qué es la personalización masiva? 25
2.2 Cambios que fundamentan la migración 27
2.3 Principios de la personalización masiva 28
2.4 Alcance e implicaciones internas 30

Capítulo 3
La decisión 35

3.1 Condicionantes de la toma de decisión 37
3.2 Dificultades y obstáculos en la migración 38
    3.2.1 Una visión prudente 38
3.3 Los retos 39
    3.3.1 El reto en la proximidad del cliente y la captación
    de sus necesidades 39
    3.3.2 El reto en la introducción de variaciones en el diseño 41

3.3.3 El reto en la industrialización del producto personalizable 42

3.3.4 El reto en la gestión de la cadena de aprovisionamiento 43

3.3.5 El reto en la entrega 44

*3.3.6 El reto de la responsabilidad social corporativa
y la sostenibilidad* 45

3.4 Una visión de futuro: recomendaciones ante la migración 49

Capítulo 4
La implantación de la personalización masiva 51

4.1 Aproximaciones estratégicas 53

4.2 La personalización según la fase del proceso en que tiene lugar 56

4.3 Desarrollo de la nueva estrategia 57

4.3.1 La cadena de satisfacción 57

4.3.2 La gestión del coste adicional 59

4.3.3 La integración electrónica 59

4.3.4 El equipo humano 61

4.4 Ejemplos de implantación de la estrategia de personalización masiva 63

Capítulo 5
Funciones implicadas en la personalización masiva 65

5.1 Marketing 67

5.1.1 La fidelización del cliente 67

5.1.2 Relación con el cliente 69

5.2 I+D+I 71 73

5.2.1 Cambios en la función de I+D 73

5.2.2 Configuración del producto 75

5.2.3 Diseño de producto modular 75

5.3 Industrialización y producción 76

5.3.1 Producción flexible 76

5.3.2 La guerra contra el despilfarro 79

5.3.3 Células autónomas de producción 80

5.3.4 Justo a tiempo 81

5.3.5 Cambio rápido de formato (SMED) 84

5.3.6 Ciclos cortos de producción 85

5.4 La logística del producto personalizado: integración de la cadena
de aprovisionamiento 86

Capítulo 6
Personalización masiva en los servicios

Personalización masiva en los servicios 90

6.1 ¿Qué es un servicio? 91
6.2 El reto en el sector de los servicios 93
6.3 Aproximación a la implantación de la personalización masiva
     en los servicios 94
6.4 ¿Cómo iniciar la personalización masiva de un sevicio? 103
6.5 El proceso de personalización masiva de un servicio 106
     6.5.1 Consideraciones iniciales 106
     6.5.2 Fases del proceso de personalización masiva 108

Capítulo 7
Los nuevos perfiles profesionales requeridos

Los nuevos perfiles profesionales requeridos 113

7.1 Proyecto de investigación: *Mass Customization Experts* 115
     7.1.1 Introducción 115
     7.1.2 Resultados: roles afectados por la personalización masiva ... 116
     7.1.3 Perfil profesional de expertos en personalización masiva 116
7.2 Plan de formación de expertos en personalización masiva 129

Capítulo 8
Reflexiones finales

Reflexiones finales 133

Bibliografía 137

Introducción

La personalización y adaptación de los productos y servicios es una tendencia cada vez más ampliamente extendida entre las empresas que satisfacen las necesidades del consumidor final. Estamos inmersos en un cambio que supone dejar atrás un paradigma de gestión centrado en «producir masivamente productos estandarizados» para pasar a un nuevo sistema de gestión centrado en «producir productos personalizados masivamente».

Este reto ya lo han asumido empresas multinacionales como Adidas, Nike, Levi's, C&A, Dell, Motorola, Procter & Gamble, Nissan y un largo etcétera, en lo que se conoce internacionalmente como *mass customization*. En español, este concepto se denomina «personalización masiva» y es la expresión que utilizaremos en este libro.

Los grandes retos que una estrategia de personalización masiva plantea al fabricante se centran principalmente en estas áreas:

– Marketing.
– Innovación y desarrollo de producto.
– Producción.
– Logística.

En *marketing,* porque la empresa productora ha de tener la capacidad de conectar con el cliente, captar con exactitud cuáles son sus necesidades y deseos y convencerle de que puede satisfacerlos.

En *innovación y desarrollo,* porque ha de tener la habilidad de diseñar productos fácilmente modificables para su «personalización» y de fácil industrialización para evitar incrementos de costes innecesarios.

En *producción,* porque ha de ser lo suficientemente ágil, flexible y eficiente para que la rapidez de respuesta y los costes sean similares a los alcanzados en un sistema de producción por lotes.

En *logística,* porque ha de ser capaz de garantizar los suministros, los movimientos internos y las entregas individuales.

Sin olvidar que hasta el momento se está trabajando mucho desde la perspectiva de las áreas de la calidad, la optimización de los procesos y la reducción de los costes, entre otros ámbitos significativos, para la implantación de estrategias basadas en la personalización masiva, existen dos factores que obstaculizan su aplicación:

- Las empresas adolecen de perfiles profesionales con las competencias adecuadas, fundamentalmente porque no se ha profundizado en cuáles han de ser.

- No existen planes de formación que respondan a estas necesidades curriculares.

Estos dos factores ocupan el último capítulo de este libro, a modo de conclusión práctica, con el propósito de que sean una plataforma útil para el lector que se proponga dar un paso adelante en estrategias de personalización masiva, o bien para que sea un punto de referencia para aquellas empresas que han decidido desarrollarlas en sus productos o servicios.

Capítulo 1

El horizonte empresarial actual

1.1 Del artesano al fabricante

Como consecuencia de las revoluciones sociales y tecnológicas de los dos últimos siglos, el mundo empresarial se ha ido transformando progresivamente.

En primer lugar, de un concepto de relación comercial entre el comprador y el artesano basado en la proximidad, que se caracterizaba porque el comprador o usuario expresaba al artesano sus necesidades específicas y el uso que iba a dar al producto, se pasó a la concentración de artesanos en un espacio físico que se denominó *taller*. El concepto empresarial evolucionó y se produjo la división técnica del trabajo. Unos pocos gestionaban el taller y mantenían las relaciones con el cliente y recogían las demandas de éstos, mientras que otros muchos «fabricaban» siguiendo siempre las especificaciones transmitidas por los gestores.

En segundo lugar, los gestores de los talleres se dieron cuenta de que podrían producir más si desarrollaban máquinas que pudiesen llevar a cabo el trabajo de muchos hombres. Veían con nitidez que unas pocas máquinas podían hacer el trabajo de muchos artesanos.

En este momento apareció lo que podría ser un primer obstáculo: las máquinas trabajarían más que los hombres, pero todos los productos serían iguales. Sin embargo, en la práctica, este factor no tuvo una incidencia decisiva, ya que lo que importó al consumidor fue la bajada de precios por la reducción de costes.

Se buscó entonces la concentración del mayor número posible de máquinas. Las ventajas eran evidentes. Menos artesanos colocados estratégicamente para llevar a cabo aquellas operaciones que no era posible efectuar con las máquinas, lograban volúmenes de producción muy superiores y, lo más importante, a unos precios mucho más asequibles. El concepto de la producción cambió de nuevo y aparecieron las primeras fábricas. Con ellas también cambiaron definitivamente algunas relaciones:

- El comprador asumió que le convenía ponerse en contacto con un fabricante y no con un artesano.

- El artesano se desvinculó emocionalmente del producto de cuya fabricación participaba.

  En ese momento se produjo un hecho muy significativo: el fabricante empezó a fabricar «su producto». El comprador, a cambio de un menor coste, sacrificó la personalización, dispuesto a aceptar las prestaciones que le proporcionaba el «producto del fabricante».

- Facilitado por el sistema socioeconómico y los avances tecnológicos, se introdujo un elemento nuevo: «la especialización». El fabricante comprendió que lo más importante era que las máquinas mantuvieran sus ritmos de trabajo y que, para alcanzar el mayor volumen de rendimiento, requería «operarios» especializados en unas determinadas tareas.

Las características más importantes de este sistema de producción eran fundamentalmente las siguientes:

- *Maquinaria especializada:* máquinas especializadas en fabricar componentes o partes del producto ajustándose a las especificaciones del fabricante, con unos niveles de tolerancia más que aceptables o, en cualquier caso, asumibles.

- *Especialización de la mano de obra:* los operarios se destinaban a llevar a cabo siempre las mismas tareas. Así, las interiorizaban de tal modo que eran capaces de reproducirlas de forma automática.

- *Dependencia de los proveedores:* en cualquier momento, la falta de suministro de materias primas podía parar la producción. La disponibilidad de materias primas era, pues, considerada un factor clave. Dado que se tenía que garantizar el suministro, se construyeron almacenes para disponer las existencias que cumplían esta función. En este apartado incluimos a los proveedores de herramientas y útiles.

- *División técnica del trabajo:* la división técnica del trabajo permitía la concentración, el desarrollo y la optimización de cada una de las funciones.

- *Focalización en la producción:* la función más importante para la empresa era la «producción». En ella se concentraban todos los esfuerzos para mejorar, entre otros aspectos:

  - Los suministros.
  - Los movimientos de los lotes de una estación a otra.
  - La productividad.

La reducción de costes se convirtió en la principal preocupación para quienes trabajan en los niveles directivos de las empresas.

Con todo ello, los resultados a lo largo del tiempo han llegado a ser muy significativos.

1.2 La producción masiva y las economías de escala

El desarrollo de este sistema de producción alcanzó tales proporciones que casi todos los ciudadanos de los países industrializados alcanzaron el ideal de poder acceder a un automóvil. Incluso podían escoger el color, aunque Henry Ford ironizara: «siempre que éste sea el negro».

En ese momento apareció un concepto empresarial absolutamente revolucionario cuyas consecuencias apenas se imaginaban: *la producción masiva.*

La «producción masiva» de productos iguales a unos precios asequibles puso al alcance de muchas personas productos que hasta entonces les estaban vedados. Las economías de escala empezaron a irrumpir con una fuerza tal que sus principios, su manera de aplicarse en la gestión de la producción, la forma de establecer las relaciones comerciales, alcanzaron la categoría de lo que Khun llamó «paradigma».[1]

Un paradigma permite una ordenación de la información de manera que facilita la comprensión de aquello que es objeto de estudio. Así, por ejemplo, podríamos concretar el paradigma de la «producción masiva» diciendo que ésta consiste en:

> «el desarrollo, la producción y la comercialización de productos a costes lo suficientemente bajos como para facilitar su consumo de la forma más amplia y masiva posible».

La esencia y la importancia práctica de este paradigma la manifestó Stanley Davis, autor de *Un futuro perfecto,* al sentenciar que «cuanto más capaz sea una empresa de distribuir productos con los principios de la producción masiva, mayor será su ventaja competitiva».

El paradigma de la producción masiva y con éste el de las economías de escala se consolidan cada vez más a medida que los avances tecnológicos permiten unos mayores niveles de homogeneidad, mayores volúmenes productivos y menores costes.

Para comprender mejor el momento en el que se encuentran actualmente las empresas, sus actuales sistemas de gestión, el posicionamiento de los «inversores» y, en consecuencia, la fuerza de este paradigma, tenemos que analizar con mayor profundidad este sistema de producción basado en la producción masiva.

---

[1] Paradigma: «marco de trabajo que presenta una visión global acompañada de una serie de normas y principios que permiten una interpretación de los hechos».

1.3 Fundamentos del paradigma de la producción masiva

Sin duda no es ajeno al lector que quien puso no diremos la primera piedra, pero sí la de mayor tamaño, en la implantación y el desarrollo de la producción masiva fue Henry Ford. Él implantó, desarrolló y perfeccionó su sistema de producción de automóviles de forma tal que, en menos de ocho años, pasó de vender algo más de 5.000 unidades a casi 600.000.

El paradigma de la producción masiva completa es el camino asfaltado por Ford. En el último tercio del siglo XX, la producción de bienes y servicios se ha generalizado de tal modo que casi toda la población «del mundo desarrollado» tiene acceso a un sinfín de productos y servicios.

Poco a poco, los fundamentos originales del sistema de producción en serie se han ido consolidando. El incremento de la producción y la reducción de los costes se han convertido en las grandes claves del éxito empresarial. Las empresas están lanzadas, por tanto, a una cruzada contra todo aquello que suponga un obstáculo, que dificulte y limite la capacidad productiva, o contra todo lo que le obligue a vender a un precio superior al de la competencia.

Los fundamentos originales del sistema no sólo se consolidan sino que a éstos se empiezan a incorporar otros, cuyos resultados estaban demostrando ser lo suficientemente significativos como para pasar a formar parte del paradigma.

Los principales fundamentos del paradigma de la producción masiva pueden resumirse así:

- **La estandarización del producto**
  Los artesanos elaboraban los productos uno a uno, incorporaban en éste las particularidades de cada cliente y esto hacía que cada producto fuera diferente de los demás. La contrapartida era, básicamente, el tiempo de trabajo requerido. El sistema de producción masiva, por su parte, se basó en la automatización y la simplificación con vistas a alcanzar las mayores cotas de productividad, es decir, disponer del mayor número de productos en el menor tiempo posible. En consecuencia, desde esta perspectiva, la mejor solución era simplificar los productos eliminando las posibles variantes. Todos los «bolígrafos» tenían que ser iguales.

- **El flujo del proceso**
  La batalla contra las pérdidas de tiempo debidas a los desplazamientos que efectuaban los operarios en busca de materia prima o de componentes, a las operaciones de apilado y desapilado entre las distintas fases, a la localización de las herramientas y los útiles necesarios, etc., se acabó ganando con un sistema revolucionario que realizaba los desplazamientos de forma automática. El trabajador ya no tenía que desplazarse. Todo fluía hacia él a un ritmo constante en la cadena de producción. Este

sistema introdujo una mejora añadida: el tiempo de fabricación se independizó del trabajador. Ya no había operarios rápidos y operarios lentos. Todos trabajaban en un flujo continuo y al mismo ritmo. Un ritmo estándar.

- **El coste bajo = precio bajo**
Los buenos resultados obtenidos por este sistema eran evidentes. Los gestores eran conscientes de ello y orientaban sus esfuerzos e inversiones a aumentar los niveles de producción. Cuantas más máquinas, cuanta más producción y más grande era la compañía, menor era el coste por producto unitario. Las compañías crecían y sus volúmenes de producción a bajo coste facilitaban las posibilidades de atraer a nuevos clientes. Éstos generaban mayores ingresos y, con ello, se daba un panorama más favorable para llevar a cabo inversiones en crecimiento y reducción de costes. Resultaba difícil ver el final de esta espiral de progreso.

- **La eficiencia del proceso**
La consecución de los objetivos previstos, en la primera década del siglo XXI, es un hecho. Se ha alcanzado la eficacia, con unos niveles de producción plenamente satisfactorios y unos precios de venta asequibles. Todo parece ir sobre ruedas.

  No obstante, hace tiempo que en muchas empresas se plantearon que era el momento de introducir avances o mejoras que permitieran reducir aún más los costes. En las últimas décadas, empresas de nueva creación están consiguiendo costes más competitivos y niveles de estandarización mayores. No cabe duda de que el proceso puede optimizarse. No es suficiente con ser eficaz, hay que ser «eficiente» y, en consecuencia, la nueva frase-vocación puede ser: «hemos de alcanzar los objetivos previstos con los mínimos recursos posibles».

1.4   Retos del nuevo horizonte empresarial

Las empresas españolas han llevado a cabo en las últimas décadas un gran esfuerzo por mejorar su competitividad. A tenor de los resultados alcanzados, no cabe duda de que se han conseguido logros significativos. Para ello, ha sido necesario efectuar ingentes esfuerzos en alcanzar el pleno rendimiento de los recursos empresariales y lograr producir bienes «estandarizados» mediante sistemas robustos. El secreto ha consistido en focalizar la atención en la fabricación «masiva» de productos lo más estandarizados posible. De esta manera, se ha producido una entrada generalizada en economías de escala con la finalidad de sortear las barreras de penetración en los mercados de interés.

Esta visión estratégica basada en economías de escala o de gran volumen y centrada, básicamente, en la optimización y la reducción de costes, que tan buen resultado ha proporcionado a los fabricantes, empieza a sentirse amenazada ahora por varios factores:

- Una mayor conciencia del comprador y un mejor conocimiento de lo que quiere.

- Una fragmentación de los mercados, llegando al extremo de una «personalización» de la demanda que no se veía desde los tiempos de la producción artesana.

- La irrupción masiva de productos procedentes de países de reciente industrialización o en vías de incorporación a sistemas capitalistas, cuya ventaja competitiva es el precio, teniendo en cuenta sus bajos costes salariales y otros recursos.

- La apuesta de algunas multinacionales por una nueva visión de entender los negocios y las estrategias competitivas.

En este marco, ganar la guerra basándose en la táctica del precio parece algo más que una utopía. Para verlo con un enfoque más amplio sólo tenemos que remitirnos a los resultados obtenidos en las exportaciones de países como China.

El sistema en el que se ha basado hasta ahora la industria, que ha focalizado su baza estratégica en la «producción masiva de productos estandarizados a bajo coste», empieza a ser cuestionado por quienes creen que este sistema no responderá a estas amenazas en el mercado, y que la tendencia a competir sobre la base del precio será difícil de sostener. Opinan, además, que este viejo paradigma empezará a ser reemplazado muy pronto por uno nuevo.

Como fruto de todos los progresos sociales, económicos, políticos y tecnológicos, globalmente se vive una profunda transformación y se experimentan unos cambios cuyos efectos aún están en buena medida por determinar. En cualquier caso, la aparición de nuevas empresas, la globalización económica y, entre sus consecuencias, la deslocalización de centros de producción, están cambiando las reglas del juego.

En 1998 Belz analizó una serie de tendencias que tenían lugar en los mercados. Concluyó que una de las consecuencias más inmediatas era la disminución en la habilidad de las empresas para crear ventajas competitivas, en tanto que las tradicionales ventajas perdían impacto. Los empresarios que participaron en el estudio manifestaron la fuerza que estaban tomando factores competitivos tales como:

- el creciente impacto de la competencia en el precio,
- la segmentación en mercados más pequeños,
- las exigencias de los clientes,
- el descenso en la fidelidad de los clientes y
- la reducción de los márgenes asociada al descenso de los precios.

Si en algo todos empezamos a estar de acuerdo es en que «nada es para toda la vida». Una frase esperanzadora en aquellos casos en que se ve la salida a una situación no de-

Tendencia	Causa
Compete	Acceso a igual nivel tecnológico. Mismos niveles de calidad. Presión del precio sobre el cliente. Países con costes más bajos.
Complej	Innovación o desaparición. Más prestaciones. Menor tiempo de desarrollo. Menor tiempo de fabricación.
Exigenci	Personalización de la demanda. Menos consecuencias no deseadas. Inundación de oferta.
Globaliz	Incremento de capacidades. Mercados globales. Productos mundiales.

Tabla 1. Tendencias y causas de los cambios en los mercados.

seada, o una frase que avisa de que se tienen que poner los cinco sentidos, dada la resistencia a enfrentarse a situaciones novedosas y que por su desconocimiento resultan inciertas y amenazantes, para cambiar un rumbo que no es el esperado o, mejor dicho, el deseado.

Las empresas pueden hallarse en una de las dos situaciones antes mencionadas:

- Puede que partan de una mala situación en la que hayan perdido competitividad y se esfuerzan al máximo para superarla.

- Por otro lado, puede que disfruten de una situación de privilegio dominando un sector o una línea de productos con altas barreras de entrada y pocos sustitutivos; a sabiendas, sin embargo, de que cada día es más difícil mantener esa situación y, mucho menos, dormirse en los laureles.

Las organizaciones empresariales deben estar más atentas que nunca a los movimientos que efectúen aquellas otras que han empezado a apostar por nuevas formas de competir, y observar especialmente a las que se han decidido por nuevas estrategias.

Compañías de todos los sectores, ya sean industriales o de servicios, se verán forzadas a afrontar los cambios que se producen en las estructuras sociales y los nuevos hábitos y costumbres de la demanda. El mensaje que reciben las empresas es «lo quiero para mí, lo quiero aquí, lo quiero ¡ya! y al mínimo precio». La presión sobre el mundo empresarial es obvia, y éste debe pensar en esas nuevas estrategias competitivas que le permitirán responder a este nuevo nivel de demanda.

Muchos lectores estarán pensando: «No necesitamos nuevos inventos, estamos haciendo lo correcto». Sin embargo, otros concluirán: «¿Nos convendría reflexionar y analizar si debemos plantearnos la posibilidad de iniciar, como mínimo, el estudio en una línea estratégica diferente?».

No nos engañemos, en la mayoría de los casos, esto es una ilusión de alternativas. Recordemos que «nada es para toda la vida».

Capítulo 2

La estrategia de la personalización masiva

2.1 ¿Qué es la personalización masiva?

En el mundo empresarial, de vez en cuando aparece algo nuevo. Algo presentado de tal manera que aparenta ser la gran revolución que proporcionará la solución mágica para que un negocio funcione como un reloj de precisión. Lamentablemente, en la mayoría de los casos, poco después el empresario observa que lo único que ha cambiado son las palabras, es decir, los términos que sus promotores han inventado para difundirla y hacer su propio negocio.

No obstante, en la última década tiende a consolidarse un concepto que resume una nueva estrategia denominada por B. Joseph Pine II *mass customization,* es decir, «personalización masiva», y que ha sido presentado como una nueva frontera competitiva en el mundo empresarial.

En este caso, no se trata sólo de cambiar los términos, sino que realmente es una nueva manera de enfrentarse a las crecientes demandas del mercado.

Hart definió en 1995 la personalización masiva desde dos perspectivas distintas:

- *Desde una perspectiva visionaria:* «la habilidad de suministrar a los clientes cualquier cosa, en el momento que lo deseen, en el lugar donde lo necesiten y del modo que deseen».

- *Desde una perspectiva práctica:* «el empleo de una estructura y un proceso flexibles, capaces de producir productos y servicios modificables y frecuentemente personalizados de manera individual al coste de uno estandarizado».

A primera vista, podemos concluir que el objetivo de la definición visionaria será difícilmente alcanzable por las empresas. Por tanto, debe ser considerado un ideal. La definición práctica, por otro lado, ofrece una visión que permite apreciar una serie de referentes para su implantación. Hace referencia principalmente a la posibilidad de suministrar productos o servicios acordes con los deseos individuales de cada cliente, y con una eficiencia próxima a la producción masiva o de gran escala.

El objetivo final es satisfacer cuatro aspectos fundamentales que en la actualidad, y sin duda en mayor medida en el futuro, nos permitirán seguir siendo competitivos:

- El creciente deseo de los consumidores por obtener productos personalizados, «hechos a medida», que satisfagan unas necesidades individuales concretas, lo que implica ajustarse a sus especificaciones personales.

- Disponer del producto o servicio. Lo que significa que su «precio» sea tan asequible como para que el consumidor se lo pueda permitir.

- Cubrir la necesidad en el momento en que ésta se hace consciente. Es decir, disponer del producto o servicio «cuando se necesita».

- No importar la localización del cliente. Esto es, disponer del producto o servicio «en cualquier lugar» en el que el consumidor se encuentre.

Se trata, en definitiva, de que el mayor número posible de clientes pueda disponer de un producto o un servicio únicos, adecuado a las necesidades de cada cual, cuando lo necesite, donde se encuentre y a un precio «de estantería».

El número de empresas que han iniciado el camino hacia la personalización masiva se justifica principalmente en el incremento de la heterogeneidad de la demanda. En las próximas páginas presentaremos algunos ejemplos que ilustran de forma amplia este punto.

El hecho es que cada minuto que pasa, la competitividad, y con ella la supervivencia de las empresas, se fundamenta en ser de los primeros, si no el primero, en alcanzar cuotas de personalización masiva en sus productos o servicios. El gran reto es conseguirlo a un coste óptimo. Un coste que no supere el «plus» que los consumidores están dispuestos a asumir por un producto o servicio exclusivo para él.

Las investigaciones llevadas a cabo por Kurt Salmon Associates (KSA) en 1997 concluyen que este *plus* se sitúa entre un 12-15 % sobre su precio estándar en los productos de los sectores textil y calzado.

La estrategia de la personalización masiva, los procesos que la harán una realidad y la tecnología que la facilitará, se están convirtiendo en un campo de investigación al que las empresas deberán destinar una cantidad significativa de sus presupuestos para investigación, desarrollo e innovación (I+D+I).

La realidad es que el consumidor puede tener a su disposición numerosos productos y servicios con su nombre, su imagen y las características técnicas y personales que ha decidido que incorporen.

Estudios llevados a cabo en el sector del automóvil, como el efectuado por Forrester Research, consultora independiente acerca del impacto de la tecnología en los negocios y clientes, predicen que las ventas de automóviles que se realizarán bajo pedido alcanzarán en 2010 un 21 % de todas las nuevas unidades vendidas.

2.2 Cambios que fundamentan la migración

En las últimas décadas, se ha producido una serie de evoluciones que han ido preparando el camino hacia la personalización masiva. Algunas son especialmente relevantes, pues no sólo han abonado el terreno sino que han condicionado y dirigido el pensamiento estratégico de las empresas vanguardistas en innovación, desarrollo e investigación.

En primer lugar, tenemos que considerar los cambios postindustriales y el nivel de vida alcanzado en los países desarrollados. A ellos cabe añadir unos progresos sociales y científicos que han permitido a la población de estos países alcanzar:

- Un mayor nivel de salud y mayores expectativas de esperanza de vida.
- Unos ingresos no sólo suficientes, sino también capaces de generar unos excedentes personales y familiares.
- Una mayor conciencia de uno mismo y, con ello, un incremento de las necesidades personales.
- Un incremento del individualismo.
- Un concepto del espacio y las distancias tan reducido como el que existe entre nuestros dedos y un teclado.
- Nuevas situaciones en las relaciones personales y sociales, acompañadas de una baja fidelidad respecto a los proveedores habituales.

Estos cambios que afectan a la intimidad de las personas, a su entorno personal y social y, en un mercado saturado de oferta indiferenciada, han sentado las bases que justifican la evolución de algunas empresas hacia la personalización masiva. Ésta ha dejado de ser una estrategia desconocida y ha estimulado la necesidad de iniciar un proceso de conocimiento y aproximación a la misma.

La personalización masiva se enfrenta a esta nueva situación de la demanda con la «misión» de proporcionar bienes y servicios para satisfacer las necesidades individuales de cada cliente desde una orientación de costes basada en la máxima eficiencia de la producción masiva.

Se hacen evidentes los vínculos y las diferencias entre producción y personalización masivas. El reto de esta última consiste en sumar a sus potencialidades la eficiencia de la producción masiva.

Como dicen Maskell y Pine, el núcleo de la personalización masiva reside en la habilidad para incrementar la versatilidad y modificabilidad del producto sin incrementar su coste.

Debemos entender la personalización masiva como un «proceso» mediante el cual «las empresas reorientan sus estrategias para migrar desde una economía de escala hacia una economía de integración del cliente» (Frank Piller y Kathrin Moeslein, 2001). Sus promotores reconocen abiertamente que es un concepto estratégico seminuevo:

- No es nuevo porque parte de la idea tradicional del «hecho a medida» de los artesanos que tanta satisfacción proporcionaba a sus clientes, por su exclusividad y porque se ajustaba a las características y los deseos personales.

- Es novedoso porque su objetivo es fabricar el producto o prestar el servicio de manera generalizada, masiva y a un coste lo más próximo posible al estándar, es decir, a un precio de serie.

2.3 Principios de la personalización masiva

El impulso que en realidad ha permitido que se considere seriamente la posibilidad de caminar hacia la personalización masiva ha sido el desarrollo de las tecnologías de la información y la comunicación (TIC), y las posibilidades que ofrecen al aplicarse a los sistemas productivos, tanto a los tradicionales como, de manera particular, a los nuevos: «justo a tiempo», «producción flexible», «sistemas inteligentes», etc.

Por otro lado, el sistema de gestión CRM *(Customer Relationship Management)* ha supuesto un avance y un paso previo hacia la personalización masiva, al poner de manifiesto que es necesario no sólo conocer sino también gestionar la relación con el cliente con criterios de calidad; mediante una gestión orientada a crear un compromiso psicológico entre el cliente y la empresa proveedora.

La auténtica gestión del compromiso del cliente hacia una determinada compañía –y así se aprecia en la labilidad del mercado–, pasa necesariamente por disponer de sistemas ágiles para conocer y atender sus necesidades y deseos. El CRM es una herramienta que contribuye a ello de manera notable y ha dejado claro que el principal factor para la implantación de la personalización masiva es *el acceso a la información y, más aún, a todas las posibilidades de gestionarla de un modo eficiente.*

Si hace veinte años esto hubiera parecido una ilusión, una utopía, los avances tecnológicos, sobre todo los de las TIC, han eliminado las fronteras y muchas de las limitaciones. Estos avances permiten afirmar con seguridad que existen las condiciones, las bases y los recursos necesarios para abordar con rigor el análisis de las posibles aplicaciones prácticas de la personalización masiva.

A partir de aquí, podemos iniciar el análisis de los principios en los que basar la estrategia de la personalización masiva, y que en gran parte se desprenden de los trabajos llevados a cabo por Pine en 1993, Anderson en 1997, Piller en 1998, Ramírez en 1999, Lee/Barua en 2000 y Zipkin en 2001, entre otros.

- **Modulación de la arquitectura del producto o servicio**
  El producto o servicio debe ser diseñado sobre la base de «módulos» o bloques combinables entre sí, de tal manera que las posibilidades o los productos finales resultantes puedan ser tantos como combinaciones entre módulos sean posibles. Para formalizar la idea imaginemos algo similar a un juego de arquitectura infantil: un conjunto de piezas o bloques que permiten montar barcos, aviones, vehículos y un largo etcétera, que parece no tener límites a lo largo de generaciones.

  Salvando las distancias, este concepto es el que actualmente emplean los fabricantes de automóviles.[2] El fundamento del diseño del vehículo se concreta en subconjuntos suministrados en bloques compactos que se ensamblan en la cadena de montaje sobre una estructura básica formada por el chasis y la carrocería.

  El sector informático es otro claro ejemplo de ello. Algunos fabricantes han continuado ofreciendo ordenadores personales como una unidad acabada. Sin embargo, otros como Dell Computer empezaron a ofrecer a sus clientes la posibilidad de escoger entre diferentes «módulos», varias fuentes de energía, teclados, procesadores, discos... De ahí su gran éxito. Actualmente, esta práctica se halla tan extendida que casi todos nosotros cuando decidimos comprarnos un ordenador personal no pensamos en éste como si fuese un televisor, sino que nos planteamos qué especificaciones y componentes deberá tener para que se adapte a nuestras necesidades.

  Como vemos, el diseño del producto debe basarse en criterios de versatilidad y ofrecer grandes posibilidades de crear una verdadera familia de productos.

  La fabricación de los módulos y su posterior ensamblaje siguiendo los requerimientos específicos de cada cliente permitirían una buena aproximación a la personalización masiva.

- **Conciencia de las limitaciones**
  La personalización masiva no persigue realmente ofrecer cualquier cosa, en cualquier lugar, en cualquier momento, ni satisfacer cada deseo individual. Recordemos la definición práctica propuesta por Hart. Para entender mejor estas limitaciones podemos hacer una comparativa entre el sistema artesanal, donde el artesano hacía un «traje a medida», y los resultados económicos que esta actividad reportaba y la

---

[2] Para profundizar en cómo los fabricantes de automóviles desarrollan sus estrategias de personalización masiva, véase *Logística del automóvil,* de Federico Sabrià, colección «Biblioteca de Logística», Marge Books, Barcelona, 2004.

eficiencia de los sistemas actuales de concepción, fabricación y entrega de productos y servicios. No podemos pretender volver al pasado, pero sí podemos recuperar la ilusión que despertaba en el cliente pensar: «Lo están haciendo para mí, exclusivamente para mí».

Lógicamente, no se puede renunciar a los sistemas de gestión de las estructuras empresariales ni a los avances tecnológicos actuales, y aunque ambos poseen muchas ventajas también tienen sus limitaciones. La conclusión es que no todo es posible, si pretendemos mantener una relación aceptable entre coste y beneficio. Valga como ejemplo la marca de pantalones Levi Strauss. No ofrece en realidad un pantalón totalmente hecho a la medida del cliente, pero sí está en disposición de ofrecer la posibilidad de escoger entre 420 tallas, aproximadamente, más la de elegir entre un amplio abanico de opciones de diseño en cada talla.

- **Trabajar bajo pedido**
En los productos estandarizados los clientes tratan de encontrar la opción que mejor se adapta a sus necesidades y el sistema ya ha dotado al producto de un valor determinado. En la personalización masiva, en cambio, se trata de crear el producto que satisfará las necesidades del cliente iniciando las actividades de creación de valor en el mismo instante en el que se establece el contacto y se efectúa el pedido.

- **Uso de un sistema integrado de gestión**
La operativa de la estrategia se sostiene sobre la base de un sistema robusto de gestión «por procesos» y la disponibilidad en «tiempo real» de la información requerida en cualquier punto del proceso. Su eficacia exige, además, que ambos aspectos estén integrados de tal manera que el pedido, el sistema de configuración del producto, la planificación de la producción, la gestión de la relación, etc., formen parte de una única unidad de gestión.

<table>
<tr><td colspan="1" align="center">PRINCICIOS DE LA PERSONALIZACIÓN MASIVA</td></tr>
<tr><td>– Modulación de la arquitectura del producto o servicio.
– Conciencia de las limitaciones.
– Trabajar bajo pedido.
– Uso de un sistema integrado de gestión.</td></tr>
</table>

2.4 Alcance e implicaciones internas

Este nuevo horizonte empresarial fue vislumbrado en el mundo académico hace más de una década, si bien pocos creyeron que tuviera un futuro relevante, sobre todo a causa del significativo papel de la tecnología en su materialización. No obstante, poco a poco, y a medida que algunos avances tecnológicos han alcanzado mayores cotas de sofisticación, miniaturización, facilidad de manejo y versatilidad, apoyados por las tecnologías de la información, la personalización masiva ha ido ocupando un espacio cada vez mayor en nuestros mercados.

Como consecuencia de ello, las reacciones no se han hecho esperar y se han planteado las siguientes cuestiones clave:

- ¿La personalización masiva puede ser una estrategia válida para cualquier línea de negocio, producto o servicio?
- ¿Qué áreas funcionales pueden verse afectadas y qué colectivos, implicados?

Desde un punto de vista académico y teórico la respuesta a la primera pregunta sería sí, siempre y cuando se disponga de los recursos y la capacitación necesarios. Desde un punto de vista realista, y acogiéndonos a la perspectiva práctica de Hart, en algunos casos la respuesta estaría condicionada e incluso podría ser un «no» tajante.

En cuanto a la segunda pregunta, se verían afectados las áreas y los colectivos implicados directamente en la cadena de valor, y esto, como es lógico, dependerá de la línea de negocio.

Tendremos oportunidad de matizar y argumentar de manera sobrada la respuesta a ambas preguntas a lo largo de este libro. Es más, nuestro objetivo no es ofrecer una opción cerrada, sino ayudar al lector para que extraiga sus propias conclusiones y se forme una opinión, sea ésta a favor o en contra. En el espíritu de esta obra no está previsto hacer exposiciones dogmáticas.

Sin embargo, antes de profundizar conviene hacer una reflexión que nos permita disponer de más elementos de juicio acerca de qué áreas funcionales y colectivos pueden verse afectados, independientemente del sentido y de la intensidad.

Inicialmente, al constituirse en apuesta estratégica, involucra de forma directa o indirecta a todas las áreas funcionales. Otra cuestión es que dependiendo del producto o servicio y de las opciones que se determinen, en muchas empresas algunas de sus áreas soportarán todo el peso de la personalización masiva. Por ejemplo, si la opción de personalización se halla en la presentación del producto, ésta recaerá sobre los departamentos de marketing y logística. Sin embargo, si tal opción se encuentra en la elección de un componente del producto –como un procesador–, el área crítica será producción, lo cual no significa que en el proceso de personalización no intervengan otras áreas. En todos los casos, alguien debe informar al cliente de las posibles alternativas a su alcance, anotar el pedido y emitir las órdenes de fabricación.

Si se visualiza un proceso en su totalidad y se van incorporando las entradas necesarias para que éste se desarrolle según lo previsto, se comprueba que, de un modo u otro, con mayor o menor intensidad, intervienen todas las áreas: marketing, red comercial, planificación, fabricación o prestación del servicio, control de calidad, entregas, facturación y cobro, etc. Pensemos en una situación en la que un cliente haya pactado con el representante comercial unas determinadas condiciones de pago, «personalizadas», que afecten al proceso de facturación y cobro y con ello al personal administrativo que participa en dicho proceso. Este ejemplo ilustra el hecho de que cualquier actividad interna, por alejada que parezca estar del producto, puede verse afectada. Al mismo tiempo, es válido para desmitificar la creencia de que sólo pueden ser personalizados masivamente los productos industriales o bien unos servicios muy concretos.

Si contamos con un proyecto estratégica y económicamente viable, los productos y servicios susceptibles de ser personalizados de forma masiva resultan innumerables. Hallaríamos ejemplos en casi todas las líneas de negocio. Sólo hay que discriminar aquellos productos y servicios para los cuales el cliente pueda encontrar un motivo suficiente para pagar algo más de lo que pagaría por el estándar, o bien encontrar una ventaja que permita personalizarlos sin mayor coste. Si no se halla una razón suficiente, ese producto o servicio tiene muy pocas posibilidades de ser personalizado. A no ser que se reinvente.

En el mundo industrial existen dos posibilidades:

a) Que una empresa desarrolle, fabrique y entregue el producto, es decir, que sea responsable de todos los procesos implicados en la cadena de valor. Si es así, podrá introducir variaciones y prestaciones entre las que el cliente podrá escoger, y su funcionalidad o sus consecuencias tendrán connotaciones psicológicas que el cliente percibirá, y que le provocarán una alteración emocional que reforzará su personalidad o su imagen social. Este producto o componente podrá beneficiarse de las ventajas de la personalización.

b) Que la actividad de la empresa sea la fabricación o elaboración de un componente que será ensamblado o mezclado por el fabricante del producto final, es decir, que sea proveedora de primer o segundo nivel. En este caso, las opciones estarán condicionadas por las características del componente que se fabrique. Por ejemplo, si se trata de piezas interiores que son necesarias, pero de cuya existencia el cliente en ningún momento es consciente, de nada sirve ofrecer la personalización de su color.

Solventado el primer escollo sobre si teóricamente es posible su personalización masiva, quedará por determinar la viabilidad de su industrialización. Aquí debe hacerse una valoración sobre las posibilidades reales de operar, en algún momento del proceso, con lotes de «una» unidad, bien sea durante la industrialización, en su acondicionado o en la entrega.

Si la actividad se enmarca en el sector de los servicios, los criterios para valorar sus posibilidades de personalización masiva son similares: o bien se trata de un servicio sujeto a protocolos rígidos e inalterables o, por el contrario, permite cierta discreción en su prestación. Veamos algunos ejemplos de ello:

- En un servicio jurídico, ¿el abogado tiene la posibilidad de escoger la ley que se aplicará en la demanda?
- En un servicio de viajes organizados, ¿se puede escoger de entre varias alternativas de excursión una vez en destino o hay que ajustarse a las programadas?

La respuesta a estas incógnitas evidenciará sus posibilidades de personalización y de prestación masiva.

El lector hallará una mayor concreción y profundización en las áreas y los colectivos afectados en los capítulos 5, 6 y 7, en los apartados «Funciones implicadas en la personalización masiva», «Personalización masiva en los servicios» y «Los nuevos perfiles profesionales requeridos», respectivamente.

Capítulo 3

La decisión

3.1 Condicionantes de la toma de decisión

Buscando una respuesta a la pregunta que sin duda surge en la mente de numerosos lectores: «¿Debe mi empresa seguir una estrategia de personalización masiva?», en 1995, Hart identificó cuatro factores clave en la toma de esa decisión:

- **Sensibilidad del cliente**
  ¿Preocupa a nuestros clientes si una oferta está personalizada? Ésta es la primera pregunta que la empresa debe responder. Si la respuesta es un rotundo «no», el potencial de la personalización masiva en nuestro negocio es realmente limitado.

- **Influenciabilidad del proceso**
  En este apartado debemos considerar tres aspectos:

  - *La tecnología.* ¿Permite el proceso tecnológico de la actividad que se desarrolla personalizar el producto o servicio para clientes individuales? Si la respuesta es «sí», la siguiente cuestión que hay que despejar es: ¿qué alcance requerirá una revisión para incorporar la tecnología necesaria y qué inversión supondrá?

  - *El marketing.* ¿Dispone el Departamento de Marketing de acceso detallado a las necesidades y los deseos de los clientes, y de capacidad para procesar y analizar adecuadamente esa información?

  - *El diseño.* ¿El Departamento de Diseño tiene capacidad para trasladar las necesidades y los deseos del cliente a especificaciones individualizables?

Finalmente, debemos tener en cuenta la naturaleza de nuestro producto o servicio y la flexibilidad de nuestro sistema de producción. La flexibilidad del sistema es un aspecto crítico para la implantación de una estrategia de personalización que cuente con unas mínimas garantías de éxito.

- **Entorno competitivo**
  La principal cuestión que hay que despejar aquí es si existen factores competitivos que reforzarían o dificultarían las ventajas que obtendría la empresa con la implantación de la personalización masiva. Dicho de otra manera, ¿seremos pioneros? ¿Cuánto tiempo tardará la competencia en reaccionar?

- **Disposición organizacional**
  Este factor implica valorar con rigurosidad la cultura y los recursos de la empresa. ¿Se halla preparada nuestra compañía y es capaz de capitalizar esta oportunidad? Un proyecto de personalización masiva requiere una visión en profundidad de las potencialidades de desarrollo de la organización, una gran capacidad de liderazgo, de apertura al cambio y, naturalmente, recursos financieros.

3.2   Dificultades y obstáculos en la migración

3.2.1   *Una visión prudente*

Adrian Mello llegó a la conclusión en 2001 de que no iba a ser fácil implantar y gestionar un sistema de personalización masiva. Consideró que las enormes expectativas despertadas unos años antes se habían ido reajustando a la realidad y a las posibilidades del tejido empresarial y de la tecnología. Mello resolvió que «el proceso de implantación, desde una perspectiva generalizada, sería más lento y progresivo de lo previsto».

Los principales motivos que inducen esta ralentización en la implantación generalizada respecto a las previsiones iniciales, habría que buscarlos en estas realidades:

- No todos los productos pueden ser personalizados.
- No todos los consumidores están interesados en obtener productos personalizados.
- Existen dificultades en la gestión de la cadena logística de aprovisionamiento de las materias primas y los componentes.
- El precio del producto personalizado es significativamente superior al estándar (entre un 30 y un 40 %).
- Los plazos de entrega superan las 2 o 3 semanas.
- Existen serias dificultades en aceptar la devolución del producto (irrecuperabilidad del producto).
- Existe poca flexibilidad en los procesos productivos.
- La personalización masiva exige una importante inversión inicial.

De acuerdo con Adrian Mello, «los elevados costes iniciales se derivan de la suma de los altos costes de la gestión de la información, la investigación y la determinación de las necesidades y los deseos del cliente, la configuración personalizada del producto, la transferencia de la configuración del producto al sistema de producción, la complejidad de la gestión del sistema de fabricación, las dificultades de coordinación con los proveedores y, finalmente, la distribución directa del producto». En el sector de los servicios esta inversión inicial, si bien también puede ser significativa, en general no requerirá los esfuerzos que precisa la personalización masiva de productos industriales.

3.3 Los retos

3.3.1 *El reto en la proximidad del cliente y la captación de sus necesidades*

Manteniendo nuestras referencias en las actividades y relaciones directamente vinculadas con la implantación de la estrategia de personalización masiva, analizaremos ahora dos medios o canales clave en la relación entre cliente y proveedor:

– Distribuidores y detallistas.
– Comercio electrónico.

- **Relaciones con los detallistas**
  La inmensa mayoría de las empresas productoras o ensambladoras no mantienen un contacto directo con sus consumidores finales, sino que existe una figura intermediaria, los distribuidores y detallistas, una de cuyas misiones es aproximarlas a sus mercados.

  Cuando el proceso de personalización de un producto requiere de la interacción directa del cliente con el sistema, como puede ser la recogida de características morfológicas, es decir, las medidas, para que se pueda materializar la operación de venta, el cliente debe entrar necesariamente en contacto directo con el proveedor o con su representante.

  Si ésta es la situación y éste el canal habitual de distribución, el envío de expertos en personalización masiva a los puntos de venta para informar sobre la estrategia, formar en el manejo de los terminales o equipos de recogida de datos y motivar a los responsables de dichos puntos de venta, se convierte en el medio más adecuado para conseguir su colaboración interesada.

  Cuestiones como ¿de qué manera se va a incentivar la participación activa de estos distribuidores y detallistas para que ofrezcan soluciones personalizadas en lugar de productos de serie?, deben ser resueltas con mucha amplitud de miras. Sobre todo porque se requerirá una implicación y un esfuerzo adicional por su parte, ya que, una vez captado el interés del cliente, se deben recopilar y procesar con esmero sus necesidades, deseos, características personales, etc. Es aquí cuando el esfuerzo inversor en desarrollo tecnológico y la puesta a disposición de la tecnología se muestran, manifiestamente, insuficientes.

Sin embargo, y a tenor de las experiencias vividas por algunas marcas pioneras, el principal escollo en esta relación entre proveedor-detallista-cliente final no es tanto el esfuerzo extra que supone, sino el relacionado con los derechos sobre la propiedad de los datos recopilados en el punto de venta. Al efectuar el cliente la primera compra, se introducen todos sus datos personales –necesidades, deseos, características fenotípicas, etc.– en el terminal del sistema, de modo que éstos pasan automáticamente a formar parte de la base de datos del proveedor. A partir de ese momento, puede parecer que la figura del detallista deja de ser necesaria. El cliente puede realizar futuras compras mediante cualquier otro medio o sistema de comunicación: ordenador, teléfono fijo, móvil, cualquier otro terminal de otro punto de venta, etc. Las implicaciones para el negocio del detallista son negativas y obvias.

El reto, por tanto, es hallar los mecanismos de compensación para los detallistas, con el fin de incrementar su motivación y participación activa en un proyecto sobre el que, una vez puesto en marcha, automáticamente, pueden perder el control.

- **Relaciones mediante comercio electrónico**
Nos hallamos sin duda ante la gran revolución, un nuevo sistema que aporta a las empresas la posibilidad de «personalizar» su propia tecnología, al mismo tiempo que permite gestionar la información de sus clientes individuales. Sin importar dónde se encuentren éstos, la empresa puede estar en disposición de adaptar sus productos y servicios a los requerimientos individuales.

Día a día desaparecen las reticencias iniciales a adquirir productos mediante la red de redes, en especial a causa de la natural desconfianza en unos sistemas de seguridad percibidos como vulnerables. Internet se convierte en una de las alternativas en los hábitos de compra, potenciada por la facilidad de acceso a toda la información y el menor tiempo que los clientes quieren dedicar a sus compras. El escaso tiempo que queda después de cumplir con las obligaciones y responsabilidades familiares, profesionales, sociales, etc., en general, tiende a emplearse en actividades que refuercen la razón de ser, es decir, vivir. A menudo, esto significa procurarse momentos que proporcionen felicidad en los tiempos de ocio, bien sea mediante el relax y el esparcimiento o, por el contrario, a través de las sensaciones intensas y el quemar adrenalina.

Salvadas, pues, las incertidumbres iniciales, nada impide hoy, tecnológicamente hablando, comprar directamente a una empresa localizada en cualquier punto del planeta.

El comercio electrónico ha creado y desarrollado un nuevo nivel en las posibles relaciones entre proveedor y cliente. Un ámbito donde las relaciones, si bien se caracterizan por la impersonalidad, como desventaja, pueden tener lugar en tiempo real, independientemente de la localización de ambos, como ventaja.

No obstante, en este nuevo espacio de relación que es internet, todavía está pendiente salvar otro escollo significativo: ¿qué alternativas existen cuando el producto cuyo importe ya se ha cargado en una cuenta bancaria no satisface las expectativas del cliente y se ha adquirido a una empresa ubicada a miles de kilómetros de distancia?

3.3.2 *El reto en la introducción de variaciones en el diseño*

Probablemente, no sería necesario referirnos a este reto si la mentalidad de los técnicos de desarrollo de nuevos productos e innovación fuese otra. La imagen del diseñador o técnico de desarrollo aún se percibe como la de un «genio loco», presionado por las estrategias empresariales del momento y condicionado por la necesidad psicológica, natural por otra parte, de autoafirmación. Los profesionales de I+D+(I) permanecen en demasiadas ocasiones encerrados en sus oficinas técnicas o laboratorios, procurándose una atmósfera aislada del resto de la organización, con la finalidad de eliminar interferencias y crear algo nuevo y único. El aislamiento puede inducir la creencia de que los requisitos, las especificaciones, las características, etc., más adecuados son los que el propio técnico, como experto, decide. En aras de que el producto sea técnicamente perfecto, las sugerencias de otros departamentos relativas a la oportunidad, la manufacturabilidad, los materiales, la funcionalidad, la logística, los costes, etc., pueden percibirse como opiniones emitidas desde el desconocimiento técnico y, por tanto, carentes de fundamento.

Lamentablemente, todos conocemos los resultados de esta forma demasiado habitual de proceder en algunas organizaciones. De ella se deducen dos aspectos destacables:

- La necesidad de tener que contar con una estructura paralela de industrialización que sea capaz de hacer realidad los productos. Una estructura con la misión de adaptar los medios, las instalaciones, los procesos, los recursos humanos y organizativos, etc., al producto, y hacer frente a dificultades, en muchos casos insuperables, que podrían evitarse si el técnico de desarrollo se anticipara y previera con precisión los problemas que se generan en la industrialización de un producto.

- Las continuas disputas y desavenencias con los departamentos de marketing sobre quién debe decidir lo que se ha de suministrar y, por tanto, diseñar.

El autor de esta obra tuvo ocasión de colaborar en el proyecto «Customization Experts», financiado por el programa Leonardo da Vinci. Durante la fase de investigación de dicho proyecto, resultaron de sumo interés algunos comentarios al respecto. Por ejemplo, en una entrevista mantenida con la responsable de un departamento de marketing, la interlocutora manifestaba lo siguiente:

«Lo que no entienden los demás es que somos nosotros, los del Departamento de Marketing, quienes tenemos que dirigir los proyectos. Somos los únicos que realmente sabemos qué quieren los clientes y, por tanto, lo que tenemos que ofrecerles. No quieren ver que deben adaptarse a lo que proponemos y que siempre que nos ponen dificultades están actuando en contra de los intereses de la compañía. Deben aceptar esto como un hecho indiscutible. El Departamento de Marketing es, sin duda, el motor de la empresa».

En otra entrevista, el interlocutor, responsable de un departamento de desarrollo, hacía este comentario:

«Nuestro problema es que el Departamento de Marketing vive en una nube. No tienen ni idea de lo que fabricamos. Creen que todo es posible, y como no entienden de materiales, exigencias técnicas del diseño y esas cosas, dicen que sí a cualquier requerimiento con tal de quedar bien ante el posible cliente y responsabilizarnos después de que la empresa no esté por delante de la competencia».

Esto son sólo algunos ejemplos de una realidad que al lector le resulta más que familiar. Los comentarios de esta índole se repiten en otras entrevistas efectuadas a responsables y técnicos de otros departamentos.

El reto se concreta en trabajar y desarrollar nuestra actividad con una total orientación al cliente y, particularmente, en desarrollar productos partiendo de la base de que el mismo producto tiene que permitir que cada cliente pueda escoger alguna característica diferente. El diseño debe ofrecer la posibilidad de introducir variaciones, de ser personalizado mediante la intervención y participación del cliente en el resultado final.

3.3.3 *El reto en la industrialización del producto personalizable*

La generalización de las estrategias basadas en economías de escala fue creando un sistema de fabricación cuyo objetivo era estar permanentemente a pleno rendimiento. Grandes líneas de producción, gran acumulación de máquinas en los talleres y todas haciendo lo mismo, idéntico producto, igual calidad; hasta las paradas, las averías y los defectos se estandarizaban. La gestión se centró en hallar mecanismos para reducir los tiempos de fabricación e incrementar el ritmo de ésta. De este modo, se hacían realidad los objetivos empresariales: grandes producciones estándar al mínimo coste = mayores beneficios. Aunque los márgenes fuesen estrechos.

Los recursos técnicos, los equipos, las instalaciones y los materiales con que se cuenta en muchas empresas son herederos de esta dinámica. Resultado de ello es condicionar su supervivencia a que sigan buscando o creando nichos de mercado adecuados a esas características de funcionamiento y modelo de gestión. Ahora Asia y Sudamérica, mañana probablemente África.

Otro de sus resultados son los sistemas de producción rígidos y la cultura empresarial basada en la creencia de que «si hasta ahora ha funcionado, ¿por qué tenemos que cambiar?». «Nosotros siempre lo hemos hecho así y nos ha funcionado.»

Esa cultura de inmovilismo, estandarización, poca iniciativa, escasa participación y división entre «monos azules» y «batas blancas» se ha extendido y arraigado entre los diferentes segmentos de trabajadores. Como resultado de esa política, pues, las empresas cuentan a menudo con unos medios y procesos poco flexibles y un personal falto de motivación y de preparación para enfrentarse a dinámicas de mercado menos conservadoras.

En nuestra labor profesional en procesos de formación, resulta sumamente difícil contactar con una organización en la que no existan quejas respecto al personal: que está poco motivado y comprometido con la empresa, escasamente identificado con el trabajo que desempeña, que no asume responsabilidad y no participa en la propuesta de sugerencias para mejorar... Consideramos que no es de extrañar dicha actitud, de hecho, piensan y actúan como han aprendido a hacerlo.

El reto de transformar esta dinámica tiene dos objetivos fundamentales:

- Lograr un mayor vínculo psicológico entre trabajadores y empresa por medio de una mayor integración y participación en la gestión.

- Implantar sistemas de producción más flexibles, capaces de llevar a cabo cambios rápidos, con el objetivo de eliminar en la medida de lo posible la planificación por lotes y trabajar bajo pedido *(built-to-order)*.

3.3.4   *El reto en la gestión de la cadena de aprovisionamiento*

La personalización masiva es el polo opuesto a la fabricación por lotes. La fabricación de productos personalizados masivamente no va a ser fácil para las empresas que tienen que emitir pedidos a sus proveedores, quienes, a su vez, deben emitirlos a los suyos, y así sucesivamente.

Un lastre que se encuentra muy arraigado, a pesar de haber demostrado sus limitaciones, es la falsa creencia de que «compartir es dar pistas al enemigo». ¿Quién puede creer que posee el conocimiento exclusivo sobre un producto para el que no hay sustitutos o la exclusiva de la tecnología para fabricarlo? Sin duda, podemos encontrar algún ejemplo, pero ¿cuántas empresas forman parte de ese grupo de privilegiadas?

El efecto de esa manera de actuar, desde el punto de vista de la información, ha sido el cierre a «cal y canto» de las empresas, incluso hasta para los propios proveedores, sin los cuales es evidente que no pueden sobrevivir. Por regla general, las empresas no han compartido información, no han desarrollado estrategias de competitividad comunes, no han compartido riesgos y, en resumen, no han sido capaces de crear unos fundamentos de colaboración basados en la integración de la cadena de aprovisionamiento. Como resultado, han reducido de modo extraordinario su participación en la cadena de valor. Probablemente, esto es en parte fruto de haber malentendido una idea extendida durante la última década del pasado siglo XX, la cual defendía que cada organización debía centrarse en lo que sabía hacer, en su *core business,* lo que, sin duda, originalmente no debía significar aislarse en la cadena de valor.

El reto ahora es recuperar una mayor participación en la cadena de valor, en todo su conjunto, compartiendo proyectos y estrategias y fortaleciendo, así, las relaciones con proveedores y clientes.

En el sector del automóvil, fabricantes y proveedores hace tiempo que trabajan con unos extraordinarios niveles de cooperación e integración de toda la cadena de valor. El «justo a tiempo» y la «ingeniería simultánea» son ejemplos de que algo se está moviendo y cambiando en la gestión de la cadena de aprovisionamiento. Aplicaciones informáticas como el SCM *(Supply Chain Management)* aparecen en el mercado para apoyar tecnológicamente dichos procesos de integración.

3.3.5   *El reto en la entrega*

La arquitectura de los servicios logísticos se ha levantado sobre los pilares de la distribución masiva local. A partir de un primer centro de distribución o almacén de expediciones, se ha construido una red de distribución que cubre los diferentes puntos de venta o incluso plataformas intermedias de distribución. A lo largo de los años, se han ido desarrollando soluciones imaginativas para optimizar las cargas y reducir los costes de transporte; los resultados han sido excelentes. Sin embargo, casi todas han sido imaginadas y creadas con el paradigma de la producción masiva. Las consecuencias, de nuevo, son claras: puede seguir siendo una excelente concepción de la gestión logística si la empresa no se halla ante la tesitura de tener que migrar hacia otro sistema de distribución más personalizado y adaptado al cliente. Si, por el contrario, se ha de iniciar el camino hacia una distribución más individualizada, la realidad es que esta concepción logística, en la mayoría de los casos, no permite ofrecer plazos de entrega inferiores a dos o tres semanas. La implicación en la expectativa de «lo quiero aquí y lo quiero ya» es evidente.

El reto está claro. Hay que desarrollar e implantar sistemas de distribución que permitan hacer llegar el producto al cliente con unos plazos de entrega más rápidos. No se debe descartar la posibilidad de formalizar vínculos con otras empresas para compartir envíos, por ejemplo, de un modo generalizado.

3.3.6 *El reto de la responsabilidad social corporativa y la sostenibilidad*

A lo largo de los dos últimos siglos, desde que el sistema capitalista marcó claramente las diferencias entre empresarios y trabajadores, las tensiones entre ambos colectivos se han sucedido de diferentes maneras y con distinta intensidad. La defensa de derechos individuales y sociales, por un lado, y la defensa del *status quo,* por el otro, han ido consolidando una situación de complementariedad en continuo conflicto. La lucha por cambiar las reglas del juego con el objetivo de un reparto más equitativo de la riqueza y la resistencia a ceder parte del poder y de los logros alcanzados, se han materializado en unos niveles de desarrollo que han permitido consolidar «estados de bienestar» nunca antes alcanzados por las clases trabajadoras y, en general, por los ciudadanos de las sociedades de los países industrializados, sin que por ello dejen de existir unas marcadas diferencias entre clases sociales, expresadas también en términos de ciudadanos ricos y pobres, si se quiere.

La máxima expresión de estas diferencias se vivió a lo largo del siglo XX en situaciones cruentas, huelgas, represiones masivas, guerras civiles, y el desarrollo de dos bloques económicos internacionales, uno liderado por EEUU y otro, por la URSS.

El colapso sufrido por esta última en la década de 1980 cambió de modo sustancial los principios de interpretación y las críticas hacia uno y otro bloque, acabando de reorientar las tradicionales reivindicaciones de las organizaciones sociales.

Mientras las demandas laborales progresistas han ido rebajando su tono, coincidiendo con los procesos de globalización económica, los referentes se han orientado e intensificado en cuanto a la consecución de patrimonios comunes para toda la humanidad. La defensa y viabilidad del futuro del planeta o, lo que es lo mismo, «la vida» y la defensa de los derechos individuales y colectivos son los argumentos que se han ido forjando en la «conciencia colectiva» de los ciudadanos.

Paralelamente, los países que entran en la escena económica internacional, tecnológicamente poco avanzados y con grandes dificultades para penetrar en mercados de alto valor añadido, se están viendo condenados –al menos temporalmente– a orientar sus actividades hacia nichos de mercado caracterizados por una demanda estandarizada y de bajo precio, es decir, de gran volumen. Esto está contribuyendo a que se intensifique la percepción de las consecuencias negativas de la producción masiva y que ésta sea considerada la causa principal de la destrucción del planeta.

Como si de una bola de nieve se tratase, las críticas han ido incrementándose en número e intensidad. Ejemplos de ello son las demostraciones populares cada vez que se reúnen las grandes potencias económicas. Independientemente del país que acoja estos encuentros, la rabia y furia de algunos grupos se desencadenan en actos de rebeldía contra aquellos a los que consideran los máximos responsables de la explotación humana y la destrucción de los recursos naturales.

No se puede negar que el consumismo, diseñado e implantado desde la visión capitalista occidental como si se tratase de un modo de vida ideal, se ha consolidado y se está globalizando de forma progresiva. Pero también es innegable que resulta complicado seguir defendiendo los efectos que dicho modelo de «desarrollo» tienen sobre las personas y los recursos naturales del planeta. La deforestación y desertización de grandes territorios, la extinción de miles de especies, el impacto ecológico de los residuos generados por la industria, la desaparición de la capa de ozono, la reiteradamente denunciada explotación infantil, hacen que se planteen serias dudas sobre la posibilidad de mantener y globalizar el «modo de vida» occidental, preservando la sostenibilidad del planeta y respetando al mismo tiempo los derechos humanos.

La «conciencia social» ha ido madurando y ha empezado a posicionarse respecto a aquellas empresas que no asumen lo que se ha denominado «responsabilidad social empresarial» (RSE)[3] o no se comprometen con un desarrollo empresarial «sostenible». Más aún, se han iniciado campañas de denuncia pública sobre prácticas empresariales poco justificables desde un punto de vista ético.

Cuando hablamos de responsabilidad social de una empresa nos referimos al conjunto de obligaciones y compromisos, legales y éticos, nacionales e internacionales, que se derivan de los impactos que su actividad puede producir en el ámbito social, laboral, medioambiental y de los derechos humanos.

El fenómeno de la globalización nos involucra y afecta a todos: países, empresas, trabajadores, ricos y pobres, pero sus efectos se distribuyen de manera desigual. Los beneficios se circunscriben a determinados ámbitos y países y sus impactos más negativos, a otros ámbitos y comunidades. De entre las diferentes reacciones e iniciativas que se han puesto en marcha, la que probablemente ha alcanzado mayor resonancia es el «Pacto Mundial» propuesto por Naciones Unidas. Este pacto tiene como objetivo encontrar vías de conciliación entre las demandas sociales y los intereses empresariales.

Por otro lado, cada día son más las empresas cuyos directivos toman conciencia de que su imagen corporativa no sólo depende de la calidad de sus productos o servicios, de su capacidad de respuesta y de su agilidad en solucionar problemas, sino que también está determinada por sus actitudes de respeto hacia el medio ambiente, y sus políticas

---

[3] Para ampliar información sobre la RSE, véase el *Anuario de la empresa responsable y sostenible*, publicado por Media Responsable, SL, o consúltese su sitio en internet www.empresaresponsable.com.

sociales, laborales y hacia los derechos humanos. Es más, muchas empresas ya han integrado estos factores en sus políticas y estrategias empresariales.

La cuestión que se plantea ante la posible implantación de la personalización masiva, sea a pequeña o gran escala, es la siguiente: ¿la personalización masiva introducirá elementos negativos o positivos en los intentos de conciliación de derechos e intereses en que se debate el desarrollo social y económico internacional?

En estos momentos, anticipar una respuesta taxativa sería aventurado, sobre todo porque no existen datos generalizados al respecto. También porque las consecuencias de cualquier actividad o comportamiento, sea en el ámbito que sea, dependen con frecuencia más de la conciencia, responsabilidad y ética de quienes toman las decisiones que de la actividad en sí misma. Por tanto, consideramos que no debe etiquetarse frívolamente el sistema de producción masiva como una práctica empresarial cuyos impactos han de ser necesariamente negativos, ni defender sin más un nuevo enfoque como el de la personalización masiva. Existen sobrados ejemplos en todos los sectores tradicionales de actuaciones empresariales responsables y de actuaciones empresariales sin escrúpulos, del mismo modo que hemos constatado que en el Tercer Mundo, algunas empresas occidentales que han apostado en alguna de sus líneas de negocio por la personalización masiva, han sido denunciadas públicamente por emplear a niños para reducir los costes.

Sin embargo, la personalización masiva introduce algunos elementos que inducen a pensar que ésta podría contribuir de un modo positivo a que exista una mayor concienciación por parte de quienes toman grandes decisiones, y que ello se traduzca en políticas empresariales cuyos ejes centrales se fundamenten en una mayor responsabilidad social y compromiso con la sostenibilidad. Consideramos que algunos elementos intrínsecos a la personalización masiva podrían incidir de manera favorable en la reducción de los impactos negativos derivados de la actividad productiva:

- *La interacción y corresponsabilidad entre proveedor y cliente* en la definición de la demanda es quizás el elemento más importante, ya que la intensificación de dicha relación, unida a la mayor transparencia que requiere el sistema, favorecerá que el cliente fidelice su relación con las empresas con las que comparta unos determinados valores.

- *La integración del cliente en la cadena de valor mediante su participación* en alguna fase del proceso, psicológicamente le corresponsabiliza con el producto final y con todo lo que haya supuesto su elaboración y entrega. Por tanto, su propia conciencia y sentido de la responsabilidad podrían hacer limitar sus interacciones sólo con empresas cuya responsabilidad corporativa sea manifiestamente clara.

- *Los esfuerzos para eliminar el despilfarro* que se deberán llevar a cabo para lograr una reducción de costes influirán directamente en un mejor aprovechamiento de las materias primas, así como en una reducción de los residuos generados.

- Del mismo modo, *la puesta en marcha de programas de mejora continua y proyectos de innovación,* también necesarios para abaratar los costes, tendrán un impacto en la eficiencia de los procesos y, como consecuencia, en la optimización de la gestión de los recursos.

- *La eliminación o reducción significativa de productos acabados en los almacenes* será un factor de extraordinaria significación. Quienes gestionan existencias conocen los efectos de la ingente cantidad de recursos desperdiciados por productos «obsoletos». Dichos productos se acumulan en los almacenes como consecuencia de unas previsiones de venta llevadas a cabo por el Departamento de Marketing que no se han cumplido, de una sobreproducción porque existe entre los responsables de fabricación la creencia de que una máquina parada es un lujo que no se puede permitir, de la irrupción en el mercado de una versión más actualizada de la competencia, o de productos sustitutivos más económicos, etcétera.

- La fabricación bajo pedido sobre la que opera *la personalización masiva minimiza el impacto de los inventarios,* pues los limita a las existencias de las materias primas requeridas.

- La *inexistencia de stocks intermedios* entre puestos de trabajo reduce los consumos y gastos de modo proporcional a la reducción de producto en el proceso eliminado.

- Dado que sólo se inicia el proceso de elaboración de producto cuando se formaliza el pedido, se *minimiza el consumo innecesario de energías y materias primas,* simplemente porque no se fabrica para almacenar. Se evita de este modo la posibilidad de crear más residuos que los necesarios, a la vez que se pone fin a los almacenes llenos de productos invendibles.

- Finalmente, la máxima expresión del derroche, *la práctica consumista del «usar y tirar» pierde su razón de ser* cuando se trata de productos en cuyos procesos se ha participado y poseen connotaciones personales.

A tenor de lo expuesto, concluimos que la personalización masiva puede contribuir de manera significativa a un desarrollo más responsable y sostenible, manteniendo la calidad de vida alcanzada y permitiendo una mayor eficiencia en la gestión de las operaciones y los recursos naturales.

3.4   Una visión de futuro: recomendaciones ante la migración

La consecuencia de las circunstancias antes expuestas es que aquellas empresas que toman decisiones arriesgadas, si éstas se han basado en un análisis riguroso de su negocio, de su mercado y de sus recursos, suelen colocarse en una posición privilegiada respecto a la competencia y con unas cuotas de mercado que benefician claramente a los primeros que irrumpen en el mismo. Además, se inicia un proceso que de manera progresiva va levantando barreras de entrada, en este caso más significativamente si cabe, condicionadas por las dificultades, el coste de abandono o las incomodidades que puede representar para los clientes el cambio de proveedor.

Las bases para lograr el éxito en una migración hacia la personalización masiva se han de sustentar sobre:

- Amplias actividades de investigación de mercado.
- Sistemas de manufactura más ágiles y flexibles.
- Determinación de habilidades y competencias técnicas requeridas.
- Gestión eficaz de la cadena de suministro.
- Una eficiente gestión de la marca.
- La culminación en el incremento de la presión sobre la competencia.
- El progreso tecnológico y los cambios en los comportamientos de los consumidores en el punto de venta.

Para finalizar lo expuesto hasta este momento, si una empresa cree que debe plantearse la posibilidad de migrar hacia la implantación de una estrategia de personalización masiva, debe como mínimo tener en cuenta, según Eric Torbenson,[4] las seis recomendaciones siguientes:

1. *Evaluar los productos desde el punto de vista del cliente*
   En los entornos tradicionales, las compañías consideran el éxito de sus productos si las ventas se incrementan. El éxito en la personalización masiva reside en qué medida un producto es útil para satisfacer las necesidades y los deseos del cliente. Por este motivo, la compañía debe tener un profundo conocimiento del cliente, cómo es, cómo piensa, qué desea, y confirmar si realmente está dispuesto a adquirir un producto personalizado, bien porque es lo que necesita o porque se sea capaz de despertar en él esa necesidad.

2. *Ofrecer al cliente el número apropiado de posibilidades de elección*

---

[4] Eric Torbenson, en su artículo «Mass customization: providing companies a competitive edge».

El objetivo no sólo se alcanza con disponer de la información adecuada sobre lo que alguien espera o desearía de un producto, sino también utilizando inteligentemente esa información. ¿Cuántas posibilidades de elección deben ofrecer un automóvil, unas zapatillas deportivas o un ordenador personal?

3. *Crear un sistema modular de producción*

Las experiencias actuales en personalización masiva ponen de manifiesto que alcanzan mejores resultados las empresas que han diseñado sus productos para ser fabricados mediante módulos intercambiables. El producto se completa incorporando los módulos que concuerdan con los deseos especificados por los clientes.

Este diseño modular de productos facilita la disposición de un sistema de producción más flexible y ágil.

4. *Crear un sistema de acceso a la información instantáneo*

Todos los implicados en el proceso, no sólo los directivos, deben poder acceder a toda la información relevante en tiempo real, lo que permite una mayor flexibilidad y agilidad en sus actuaciones. Toda persona que participa en el proceso ha de poder consultar en todo momento su grado de responsabilidad en el mismo y qué debe hacer en función de lo expresado por el cliente.

5. *Establecer un enlace directo con los clientes*

La personalización requiere un contacto más intenso entre la empresa y el cliente, de modo que permita obtener más información que con cualquier otro sistema o técnica de investigación de mercado. Cada compañía debe escoger la herramienta o tecnología que le resulta más útil para obtener los datos, las preferencias, las necesidades, los deseos y, en muchos casos, las características fenotípicas del cliente. Esto incrementa de forma significativa la definición de las tendencias de los diferentes segmentos, en comparación con las tradicionales técnicas de investigación.

6. *Dificultar al cliente el cambio a la competencia*

Más allá de las posibilidades de elección sobre los productos o servicios ofertados, se han de crear vínculos e interacciones con el cliente que no sólo procuren su máxima satisfacción una y otra vez, sino que el intercambio de información también le haga observar que sería engorroso y dilatado en el tiempo tener que iniciar una relación con otra compañía, ya que ello supondría empezar un nuevo proceso desde el principio. El cliente debe percibir lo que se ha denominado «un alto coste de abandono».

En este sentido, el grado de fidelización del cliente será proporcional a la inversión llevada a cabo en el proceso de personalización.

Capítulo 4

La implantación de la personalización masiva

4.1 Aproximaciones estratégicas

La implantación exitosa de una estrategia basada en los principios de la personalización masiva, teniendo siempre presente que un gestor ha de impedir poner en peligro la futura viabilidad de la empresa, no puede llevarse a cabo sin realizar previamente un pormenorizado análisis de la conveniencia o no de tal decisión. Pensemos, en primera instancia, que los fundamentos de su ventaja competitiva se hallan en combinar la eficiencia de la producción masiva con las posibilidades de adaptación que los sistemas de gestión y recursos pueden permitir. No se pueden iniciar procesos de reingeniería industrial de cualquier manera. Se debe tener la certeza de que en un sector y un mercado determinados se dan las condiciones que justifiquen su implantación, ya sea porque de lo contrario la empresa pierda posiciones en el mercado, porque los resultados no son los de antes, o porque realmente se trata de una ventaja competitiva que permitirá diferenciarse de los competidores y asumir nuevas cuotas de mercado sin retroceder en las consolidadas.

Desde la perspectiva de su implantación, ha habido diferentes aproximaciones estratégicas a la personalización masiva. Cada una de éstas desarrollada desde un punto de vista diferente pero con elementos vinculantes.

En 1997, Gilmore y Pine identificaron cuatro aproximaciones estratégicas para dicha implantación. A su modo de ver, los gestores deberían plantearse una de las siguientes o una combinación de algunas de las mismas para satisfacer a su particular segmento de clientes:

- **Personalización colaborativa**
  Adecuada para aquellos casos en que los clientes tienen dificultades para determinar lo que necesitan y les cuesta escoger entre una avalancha de opciones. Requiere desarrollar tres acciones:

  - Establecer un diálogo con el cliente y ayudarle a establecer sus necesidades.

- Identificar la mejor elección, es decir, la que se ajusta a sus necesidades.
- Fabricar el producto personalizado para él.

- **Personalización adaptativa**
  Aquí, la tecnología disponible debe permitir modificar el diseño del producto con facilidad. Se ofrece un producto estándar pero personalizable, diseñado para que el cliente pueda modificarlo en función de la utilidad y el uso que vaya a darle.

- **Personalización cosmética**
  Esta aproximación tiene lugar cuando los clientes desean un producto estándar pero de presentación personalizada. El producto se empaqueta personalizando su embalaje.

- **Personalización transparente**
  Se lleva a cabo cuando las necesidades de los clientes son predecibles y no desean expresarlas repetidamente. Los productos son personalizados para cada cliente y presentados en formatos estándar.

Como vemos, en el primer caso cambia el producto en sí mismo y algunos aspectos de su presentación, mientras que en el tercer caso el cliente sólo modifica la presentación. La cuarta posibilidad ofrece productos personalizados enmascarados en un embalaje estándar, y en la segunda alternativa el fabricante ofrece un producto estándar en una presentación estándar, pero ofrece al cliente las herramientas para modificarlo en función de sus necesidades y su uso.

B. Joseph Pine II describe cinco métodos básicos mediante los cuales una empresa puede implantar una estrategia de personalización masiva:

1. Personalizando los servicios relacionados con productos y servicios estándar.
2. Creando productos y servicios personalizables.
3. Personalizando en el punto de entrega.
4. Consiguiendo una alta respuesta por medio de la cadena de valor.
5. Modularizando los componentes para personalizar productos y servicios.

Concretamente, en los sectores del textil y el calzado las estrategias se han ido desarrollando y posicionando fundamentalmente mediante tres grados de personalización:

- **Personalización**
  El consumidor tiene la posibilidad de que un producto estándar incorpore una característica personal e identificativa; por ejemplo, que lleve su nombre impreso.

- **A la medida**
  Es posible obtener un producto que se ajuste exactamente a las características genotípicas o corporales del cliente. Dicho producto se elabora con las medidas personales de éste.

- **Diseño**
  El cliente puede participar en el diseño del producto por medio de un terminal en el punto de venta. Éste dispone de un programa informático que le permite escoger y combinar diferentes alternativas modificando el diseño original.

De manera particular, algunas compañías han iniciado la personalización masiva de sus productos o servicios partiendo de las ventajas que comporta la eficiencia de la producción masiva y combinándola con distintas posibilidades de diferenciación por medio de los siguientes aspectos:

- **La relación interactiva**
  Se traduce en una fidelización del cliente una vez que éste ha entrado en relación con la empresa y sus productos y ha obtenido la satisfacción esperada. La relación basada en la interacción supone un intercambio mutuo a través de un proceso de conocimiento entre ambos. Como tal proceso supone la inversión por ambas partes de tiempo y recursos, si la transacción finaliza con éxito se habrán levantado unas importantes barreras para el cambio de compañía y, por tanto, se habrá tendido un sólido puente hacia la «fidelización».

- **La diferenciación**
  Significa poner a disposición de un amplio segmento de mercado productos y servicios que satisfacen las necesidades individuales de cada consumidor. La diferenciación implica unas amplias posibilidades de introducir las variaciones necesarias para responder a cada cliente.

- **El coste**
  La aproximación a la eficiencia de la producción masiva a través de la optimización de los recursos disponibles y alcanzando el coste más bajo posible, se convierte en el gran reto hacia el cual se orientan todas las funciones de la compañía.

Frank Piller, del Technische Universität München (TMU), en Alemania, afirma que la implantación de la personalización masiva se está llevando a cabo mediante diversas aproximaciones que combinan diferentes opciones de personalización mientras mantienen constante la opción coste.

Desde un punto de vista estratégico, según Frank Piller, la personalización significa

Soft customization	*Hard customization*	*Grado de actividades específicas de cliente en la cadena de valor*
Personalización basada en un proceso de manufactura completamente estándar.	La personalización se inicia dentro del proceso de manufactura.	
Self customization Crea productos y servicios personalizados. (Microsoft Office, Aveda Personal Blends, Lutron Electronics…)	*Customization-Standardization-Mix* La primera o la última actividad de la cadena de valor, o bien ambas, son personalizadas dentro de la fábrica, mientras el resto permanecen estandarizadas. (Personal Spin - Levi Strauss, IC3D, MySki…)	
Point-of-delivery customization Personalización de un producto estándar en el punto de entrega. (Paris Miki, Dynafit and Nordica ski shoes.)	*Modular product architectures* Productos personalizados a partir de componentes modularizados y combinados. (Anderson Windows, Ross Controls, Dell, Creo-shoes, Idtwon, Custumix…)	
Service customization Personalización de los servicios alrededor de productos y servicios estandarizados. (1-800-Birthday, Hertz Gold Club, Peapod…)	*Flexible customization* Empleo de sistemas de producción flexibles para fabricar productos totalmente personalizados sin incrementar el coste. (Sandvik Coromat, Sovital, Reflect…)	

Fuente: Frank Piller, *Customer interaction and digitalizability, a structural approach to mass customization;* www.Prof-reichwald.de

Tabla 4.1. Métodos que algunas compañías han adoptado para alcanzar la personalización masiva.

alcanzar la diferenciación de los productos y servicios mediante la producción de bienes con tantas variantes como para satisfacer los deseos de cada cliente significativo.

En la tabla 4.1, Frank Piller resume los diferentes métodos que algunas compañías han adoptado para alcanzar la personalización masiva.

4.2 La personalización según la fase del proceso en que tiene lugar

Con la finalidad de ofrecer una idea más amplia de las posibilidades, los métodos y las herramientas para lograr una implantación inicial o definitiva de la estrategia, consideramos conveniente presentar sus posibilidades de implantación relacionando aquellas actividades o funciones clave durante las cuales se puede contribuir significativamente a dicha personalización.

- **Personalización en la ingeniería**
  Parte del producto se desarrolla de acuerdo con las necesidades expresadas por el cliente. Ejemplo: maquinaria industrial.

- **Personalización en la fabricación**
  La personalización se desarrolla fabricando el producto o alguna de sus partes siguiendo las especificaciones del cliente, sin la intervención de la oficina técnica. Ejemplo: los fabricantes de cocinas pueden adaptar algunas de las piezas de los muebles a las dimensiones de la cocina del cliente, cortando la madera a medida pero sin necesidad de rediseñar la cocina o partes de la misma.

- **Personalización en el ensamblaje**
  La personalización se lleva a cabo montando diferentes partes o componentes, tal como hacen los ensambladores de ordenadores.

- **Personalización en la distribución**
  La personalización tiene lugar en el modo en que se entrega el producto. Un ejemplo de ello es Amazon, que permite escoger opciones de envío, empaquetado, facturación, etc., mientras que el producto es un libro estándar.

4.3 Desarrollo de la nueva estrategia

4.3.1 *La cadena de satisfacción*

La «cadena de satisfacción» es un concepto que nos ayudará a entender en toda su extensión el proceso de satisfacción de los «deseos y necesidades» de los clientes individuales.

Desde la perspectiva de la producción masiva, la misión de la compañía se entiende como la suma de una serie de misiones o «tareas» efectuadas por diversos departamentos, lo que permitirá poner en la estantería de un establecimiento y a disposición del cliente el producto que se le ha ofertado, el cual podrá adquirir al mejor precio.

Desde la perspectiva del «nuevo paradigma» se entiende que existe una sola misión: la misión de la compañía, y ésta es la misma para cada uno de sus colaboradores. Una misión que bien podría ser:

Input					Output
	Almacén	Administración	Mantenimiento		
⇨	Producción	Logística	Compras		⇨
	Calidad	Oficina técnica	Recursos humanos		

Tabla 4.2. Áreas departamentales enfocadas hacia la producción masiva.

«Desarrollar y entregar al cliente individual productos capaces de satisfacer sus deseos y necesidades particulares al menor coste posible».

Desde esta perspectiva, la empresa y el desarrollo de sus diferentes funciones se conciben como un entramado de actividades interrelacionadas, que sólo se justifican porque forman parte de un proceso al cual aportan valor.

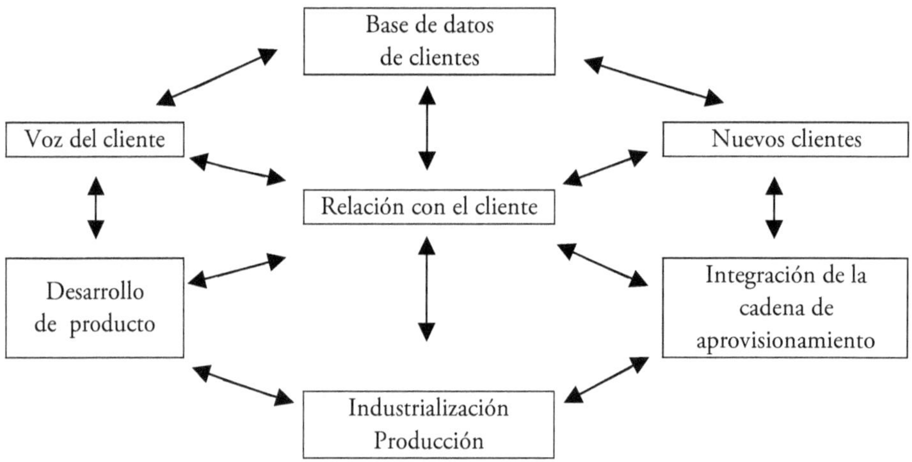

Esquema 4.1. Esquema de procesos enfocados hacia la personalización masiva.

El enfoque basado en procesos enfatiza la importancia de:

– La captación fidedigna de la voz del cliente.
– La comprensión y el cumplimiento de los requisitos.
– La necesidad de considerar los procesos centrándonos en aquellos que aporten valor.
– La obtención de resultados del desempeño.
– La eficacia del proceso y la eficiencia de sus resultados.
– La mejora continua mediante un control basado en indicadores de gestión.

Fruto de este proceso se genera una espiral natural que con el tiempo definirá el desarrollo de la relación cliente-proveedor.

Probablemente, a algunos de los lectores les surja una duda condicionada por cómo las cosas han funcionado hasta ahora, y se planteen: «¿El proceso arranca con los estudios de mercado y a partir de ahí se hace realidad mediante la concepción y el diseño de un nuevo producto?», o «¿el proceso se inicia a partir de la concepción de un producto y sobre él se desarrolla toda una estrategia de marketing?».

Consideramos que ambos puntos de partida pueden ser igualmente válidos, para no entrar en un debate sobre si fue primero el huevo o la gallina. Todo dependerá de la situación de partida de cada compañía y de sus posibilidades reales. Existen maneras correctas de hacer las cosas, metodológicamente hablando; sin embargo, una cosa es lo que debería ser o nos gustaría que fuese y otra lo que podemos realmente hacer.

4.3.2 La gestión del coste adicional

La gestión del coste adicional de la personalización masiva se convierte en un elemento estratégico crítico. El objetivo es reducir ese 30-40 % de coste adicional que existirá si se pretende hacerlo desde los esquemas de la producción masiva.

Los costes adicionales cuando desarrollamos la personalización de un producto se concentran básicamente en:

- La investigación y captación de las necesidades y los deseos del cliente.
- El equipamiento y la capacitación para el manejo de la información.
- La reconfiguración del producto sobre la base de las especificaciones que hay que satisfacer y las inversiones en sistemas de configuración.
- El incremento en la complejidad de la planificación y el control de la producción, un mayor coste de preparación de la maquinaria, un control más estricto de la calidad, una mano de obra más capacitada, así como la inversión en unidades de producción más flexibles.
- La coordinación con los proveedores (el nivel de inventario de componentes se incrementa).
- La disposición de centros de servicio al cliente que se encuentren completamente equipados y a cargo de profesionales cualificados para minimizar o evitar someter el cliente a situaciones que le supongan una carga; por ejemplo, la dedicación de parte de su tiempo personal.

4.3.3 La integración electrónica

La personalización masiva como estrategia no es aplicable a todos los productos, clientes o mercados. En la actualidad, no todos los consumidores están interesados en personalizar los productos que adquieren habitualmente. Los bolígrafos, jabones, bombillas, pilas o artículos de limpieza son algunos ejemplos. Esto no significa que no existan posibilidades reales de personalización masiva para estos productos, pero sí que recoge algunas opiniones al respecto sobre la conveniencia y el retorno de la inversión teniendo en cuenta las actuales exigencias del mercado sobre estos productos.

A medida que algunas empresas inicien su camino hacia la personalización masiva y, como consecuencia de ello, otras empresas de su mismo sector reaccionen, el incremento de la competencia afectará directamente al nivel de calidad, flexibilidad y reducción de costes. Y quizá no sólo eso, sino que una vez iniciada la espiral, las empresas deberán focalizar sus esfuerzos de manera progresiva en ser los más rápidos:

- En captar las necesidades y los deseos de los clientes.
- En transformar esas necesidades y deseos en productos.
- En fabricar esos productos.
- En ponerlos a disposición de los clientes.
- En atender y resolver posibles no conformidades.

Para mantenerse en esa carrera habrá que ser cada vez más ágil, y para ello, el flujo de la información será una herramienta clave.

En opinión de Joseph Pine, «una clave crítica para el éxito con la personalización masiva es el personal y la integración electrónica de la cadena de valor mediante unos vínculos de comunicación instantáneos, bases de datos comunes y equipos multidisciplinares».

Un ejemplo de ello lo encontramos en la división Motorola's Bravo Pager. La planta de producción recibe la orden de pedido por medio del ordenador portátil de sus comerciales. En unos minutos se ha generado un código de barras con todos los pasos que el sistema de personalización necesita para producir el producto. Todo el proceso se pone en marcha y en pocos días el cliente habrá recibido su pedido. Una red y un programa informáticos adecuados configuran la base y la arquitectura capaces de gestionar la información requerida en cada operación en tiempo real.

Maskell, tras profundizar en los requerimientos de las tecnologías de la información y la comunicación, resume las características que debe poseer un *software* para superar los retos de la personalización masiva:

- **Integración**
  Un sistema integrado que permita introducir un dato una sola vez y que se actualice automáticamente.

- **Sencillez**
  Programas, pantallas e informes deben estar diseñados para facilitar su uso.

- **Flexibilidad**
  Los usuarios han de ser capaces de introducir nuevas técnicas o herramientas en un área mientras se conservan las antiguas en otras áreas.

- **Apertura**
  Un sistema informático que permita la interacción con otros sistemas y redes de trabajo. Debe integrar control de calidad en tiempo real, estación de trabajo CAD/CAM, recogida de información en el punto de venta y sistemas automáticos de almacenaje.

- **Accesibilidad**
  La información debe ser de fácil y rápido acceso para los usuarios.

Con todo, el papel que ejerce la tecnología hemos de contemplarlo como mínimo desde dos puntos de vista. El primero conduce a la «digitalización», la cual permite sustituir las funciones del producto por actividades de información. Y éste es el camino más fácil para personalizar productos, ya que todo lo que pueda ser digitalizado puede ser más fácilmente personalizado. El segundo permite tomar conciencia de lo contrario, es decir, de que no todo es susceptible de formar parte de esa digitalización.

Finalmente, todas las tecnologías relacionadas con internet facilitan los recursos necesarios para agilizar la comercialización de productos personalizados gracias a:

- La obtención de datos individualizados.
- Redes de trabajo conectadas electrónicamente.
- El comercio electrónico.
- Bases de datos compartidas.

A estos puntos todavía puede sumarse un largo etcétera de aplicaciones y posibilidades que simplifican y reducen el coste del procesamiento y la gestión de la información.

4.3.4 *El equipo humano*

En la actualidad, se están produciendo importantes cambios en el modo en que las empresas se organizan y forman sus «redes de trabajo» externas e internas. La toma de conciencia de esa posibilidad por parte de los trabajadores, desde los equipos directivos hasta los operarios de línea, está dando un giro a las relaciones y a la concepción que se tenía en los sistemas de producción masiva. La consideración del capital humano, en su versión más pragmática, se orienta hacia concepciones que promuevan la «ilusión» entre los verdaderos protagonistas del éxito de las empresas y que tan buenos resultados han ofre-

Compañía	*Producto*	*Características*
Adidas	miAdidas	Los clientes tienen acceso a un «laboratorio virtual». Participan en todo el proceso de innovación, desde la idea y el concepto, hasta los tests beta, etc. Tienen la oportunidad de crear su propia y única zapatilla deportiva, ajustada a sus especificaciones personales, su función y su diseño.
Dell computer	Ordenadores	Trabajo bajo pedido. El cliente indica las especificaciones exactas, elige el procesador, la memoria, la capacidad, los complementos, etc.
Reflect.com (Procter & Gamble)	Cosméticos	El cliente puede decidir el contenido de la polvera o el color y las esencias de su pintalabios.
Nike	Nike ID	Zapatillas deportivas en las que el cliente puede elegir el color, los materiales, etc.
Paris Miki	Gafas	Mediante una fotografía digital en tres dimensiones se adapta la distancia entre los ojos y la longitud de la nariz, permitiendo escoger el diseño que concuerda con la personalidad del cliente, quien además puede imprimir su propia fotografía portando las gafas elegidas.
Nissan	Automóviles	«Nissan cinco días.» Se plantea el reto de llevar a cabo la personalización del vehículo en sólo cinco días.
Factory 121	Relojes	El cliente codiseña el reloj a partir de un modelo que está parcialmente montado.
Left foot company	Zapatos	El pie del cliente es escaneado con un equipo 3D. El cliente puede escoger entre quince modelos básicos y, a partir de ahí, seleccionar los colores, la calidad de la piel, la suela, etc.

Tabla 4.2. Ejemplos de productos personalizados por grandes compañías.

cido a lo largo de la historia: los propios trabajadores. Una mayor creatividad por parte del capital humano es, sin duda, un factor clave en la competitividad empresarial.

Las nuevas estrategias operativas han cambiado sustancialmente el reparto del «poder de decisión». Existe la tendencia generalizada a que la toma de decisiones se lleve a cabo lo más cerca posible del punto de trabajo. De este modo, muchos trabajadores por cuenta ajena actúan con tal grado de autonomía que se han convertido en auténticos «emprendedores». La capacidad transferida a estos trabajadores les dota de una libertad de actuación y decisión cuyos resultados en integración, compromiso y fidelidad con la empresa revierten en considerables beneficios.

Una de las esencias de la personalización masiva se halla precisamente en la integración y el compromiso de todos los implicados en la «cadena de satisfacción». Integración que se hace posible mediante una visión, una misión y unas políticas que promuevan el protagonismo de todos los implicados y una toma de decisiones descentralizada.

4.4 Ejemplos de implantación de la estrategia de personalización masiva

No daríamos la importancia que merece la personalización masiva si no fuese porque grandes compañías multinacionales de diferentes sectores han iniciado ya sus incursiones en ella y han lanzado al mercado proyectos, productos y tecnologías buscando la ventaja competitiva que ofrece. Si duda, la decisión ha sido tomada después de llegar al menos a dos conclusiones: que existe una nueva manera de entender y reforzar el vínculo psicológico entre la marca y el cliente y que existía la necesidad de replantearse de un modo crítico su actual *modus operandi,* para acabar tomando conciencia de sus fortalezas y debilidades.

Capítulo 5

Funciones implicadas en la personalización masiva

5.1 Marketing

5.1.1 La fidelización del cliente

La responsabilidad y el campo de trabajo del marketing es la *relación con el cliente.* Mediante el despliegue de sus políticas, diseñadas y desarrolladas en función de la orientación del mercado y las oportunidades de negocio, el Departamento de Marketing pone en contacto a la empresa y sus productos con el cliente o viceversa.

Como cualquier otra función, este departamento gestiona su actividad desplegando un «cuadro de gestión» en el que focaliza sus acciones y les asigna unos recursos sobre la base de los objetivos establecidos, para la consecución de los cuales tiene un presupuesto asignado.

Es en la primera fase de su actividad, es decir, durante el desarrollo de su planificación estratégica, cuando el departamento debe plantearse la redefinición y adaptación de sus objetivos si su actuación ha de tener lugar bajo el paraguas del paradigma de la personalización masiva. Los objetivos del marketing, en ese caso, no deben perseguir solamente la materialización del acto de compra, sino reformularse para asumir un planteamiento más ambicioso: la *fidelización* del cliente.

Ambos aspectos, *relación* y *fidelización,* deben resaltar en los rótulos de las paredes de dicho departamento.

El despliegue del cuadro de gestión y, por tanto, de las acciones que marketing emprenda deberán sustentarse sobre la ambiciosa premisa de:

«Ofrecer el producto o servicio o mensaje adecuado al cliente adecuado, en el lugar, del modo y en el momento adecuados».

Uno de los retos al que deben enfrentarse las empresas es el acceso a segmentos de mercado altamente fragmentados, con medios que les permitan captar, publicitar y comunicar con un coste objetivo. Por ello, el Departamento de Marketing debe efectuar un esfuerzo suplementario que le permita desarrollar:

– un conocimiento mutuo (empresa-cliente individual) más profundo,
– un proceso de aprendizaje continuo, y
– una relación totalmente personalizada.

Como en muchas otras cuestiones, a pesar de que hace más de una década que se discute en el ámbito académico sobre la personalización masiva, la existencia de los medios y las posibilidades reales para su implantación práctica es reciente. El motivo principal, como hemos comentado, lo encontramos en que las tecnologías de la información, capaces de hacerlo posible, son una realidad desde hace muy poco tiempo. La red de redes ha potenciado y acelerado de una manera extraordinaria los cambios en la concepción del mundo. Las distancias, las relaciones, el acceso instantáneo a cualquier lugar, a cualquier empresa, a cualquier persona individual, no tienen nada que ver con las posibilidades que teníamos hace tan sólo diez años.

La función de marketing es una de las tareas empresariales que más puede beneficiarse y que cuenta con mayor potencial de desarrollo gracias a estas nuevas tecnologías. Tal departamento tiene nuevas fórmulas a su disposición para contactar y establecer vínculos de comunicación con los clientes actuales o potenciales.

Los limitadores a una verdadera explosión del binomio marketing-internet, conocido como comercio electrónico, han estado hasta ahora en:

– los plazos de entrega,
– la incerteza en la calidad del producto que se recibirá y, sobre todo,
– en la desconfianza sobre la seguridad en las transacciones.

Estas percepciones se están superando y casi todos los que en algún momento deciden efectuar una adquisición a través de internet cambian sensiblemente su percepción y sus reticencias iniciales.

La vinculación entre una fabricación asistida por nuevas tecnologías de la información y un marketing automatizado y personalizado, soportado por potentes equipos informáticos y unas bases de datos de gran capacidad, programadas para actuar de forma automática, posibilitarán a fabricantes y distribuidores fidelizar mejor a los clientes, los cuales percibirán más fácilmente los motivos para volver.

Un objetivo del marketing en la personalización masiva ha de ser gestionar la información que ha de hacer realidad la cadena de satisfacción por medio de un «marketing integrado».

5.1.2 Relación con el cliente

Desde el punto de vista de la personalización masiva, el cliente se considera un socio en la creación de valor. Un socio integrado que es capaz de intervenir de diversas maneras y con diferente intensidad en las distintas fases de la cadena; con una participación sólo condicionada por las limitaciones de la empresa: las de sus medios, recursos y capacidad de gestión.

* **La voz del cliente**

  La voz del cliente debe escucharse en todos sus matices. La habilidad de escucharle activamente y de no sólo comprenderle, sino de ser capaces de ponerse en su lugar empatizando con él, es clave para iniciar una relación que ha de culminar en su fidelización.

* **El punto de venta**

  Damos por asumidos dos hechos: la existencia de un producto y que el proveedor ha definido el grado de participación o integración del cliente en la relación y en el proceso del mismo.

  Poner en marcha el proceso de personalización hace necesaria la interacción con el cliente en el punto de venta, entendiendo éste como el lugar donde el cliente hace el pedido. Por tanto, bien puede ser un punto de venta tradicional equipado con sistemas informáticos en línea, o ser el propio ordenador u otro medio de comunicación del cliente. En ambos casos, el sistema ha de permitir captar la información necesaria para definir y transformar las necesidades y los deseos del cliente en especificaciones concretas del producto, bien sea en la fase de rediseño, de adaptación del producto o de entrega.

  La personalización real, por tanto, se inicia en el punto de venta en el momento en que el cliente entra en contacto con el sistema de comunicación o interacción. Este sistema debe ofrecerle información general sobre el producto y las posibilidades de personalización que éste le permite, así como facilitarle la tarea de introducir las modificaciones que reflejen sus deseos y necesidades. Para finalizar, la interacción debe ofrecerle una visión bien definida del producto que recibirá. Con ello se evita hacerse una idea equivocada del mismo y crearse unas expectativas distorsionadas. Recordemos que la primera regla de la fidelización de clientes es *«no prometer o hacer creer lo que no se puede cumplir»*.

  La gran ruptura respecto al viejo paradigma en cuanto a la relación con el cliente la encontramos en el hecho de la integración de éste en la cadena de creación de valor. El valor es creado mano a mano entre el cliente y el proveedor en diferentes fases del proceso.

  Definimos la integración del cliente como una forma de creación de valor donde los consumidores toman parte en actividades y procesos que tradicionalmente habían sido del dominio de las empresas. En la producción masiva, la contribución del cliente a la creación de valor se suele producir en el ámbito de la información, sea unidireccional o bidireccional.

Los puntos de venta, equipados con tecnologías capaces de recoger las especificaciones individuales del cliente (por ejemplo, escáneres corporales), y vinculadas con aplicaciones de creación de patrones, con visualizaciones virtuales en tres dimensiones capaces de mostrar el resultado final, serán una realidad tan cotidiana como lo es en la actualidad internet.

Un avance de estos nuevos puntos de venta lo encontramos en Paris Miki, fabricante japonés de gafas. El equipamiento del punto de venta no sólo recoge las medidas antropométricas de la cara del cliente y las reproduce en tres dimensiones, sino que, además, le permite escoger el modelo de gafas en función de sus preferencias personales mostrándole en pantalla el resultado final. El cliente puede verse a sí mismo, como le verán los demás, portando las gafas que él ha elegido.

Finalizado el proceso de interacción, una simple validación envía toda la información necesaria para personalizar el producto al «gestor de la información», es decir, al concentrador de información. Éste la distribuye y la pone a disposición en los puntos de consulta que han de actuar para que no se interrumpa el proceso: desarrollo del producto, proceso de fabricación, logística, facturación, etc., al mismo tiempo que alimenta la base de datos de clientes.

- **Comercio electrónico**
En términos de costes, dado que la interacción y la integración real sólo son posibles gracias a las nuevas tecnologías de la información, el comercio electrónico hemos de contemplarlo como uno de los principales factores de ahorro incluido en el proceso de personalización.

Para desarrollar este apartado nos apoyamos en algunos ejemplos reales del nivel de personalización alcanzado. Para ello, invitamos a realizar una visita al sitio web www.nike.com, donde comprobamos que, por ejemplo, en las zapatillas deportivas, NikeID *(Individual Designed)* se ofrece la posibilidad de determinar:

- *Inicio:* sexo y talla.
- *Diseño:* color de cinco componentes (más de cinco posibilidades para cada uno).
- *Personalizar:* nombre o cualquier denominativo (ocho caracteres).
- *Plazo de entrega:* entre tres y cuatro semanas.

Si visitamos el sitio dedicado a cosméticos www.Reflect.com, encontramos una sugerente y atractiva frase: *«You dream it, we mix it* (Usted suéñelo, nosotros lo fabricamos)».* Reflect.com, filial de Procter & Gamble, nos ofrece tres maneras diferentes de crear nuestro propio producto:

– Con asesoramiento.
– Creación por uno mismo.
– Búsqueda de la alternativa más adecuada.

La compañía del sector textil Lands' End, por su parte, en www.landsend.com pone a nuestra disposición tres posibilidades para personalizar los productos que deseamos adquirir:

– *Personalización.* Permite introducir 13-15 características físicas para crear el modelo (modelo virtual con nuestras características corporales, que no requiere que nos desplacemos a ningún punto de venta equipado para ser escaneados).

– *My Virtual Model™.* Mediante este dispositivo virtual, aparece la representación de un/a modelo sobre la que podemos probar los productos que nos gustaría adquirir, pudiendo decidir el modelo, el color, etc.

– *Ajustar.* Permite introducir las medidas personales.

Éstos son sólo tres ejemplos que muestran cómo el desarrollo de las nuevas tecnologías de la información permite la integración del cliente en la cadena de creación de valor a través del comercio electrónico, y que la personalización es una realidad que sería insensato ignorar. Al menos, si no se tiene la certeza de que ni nuestros clientes ni nuestra posición en el mercado así lo aconsejen.

- **Nuevos clientes**
La personalización masiva supone una modificación y un cambio sustancial en las relaciones entre fabricantes, distribuidores y clientes. Para no romper la cadena –el proveedor y el cliente están en los extremos y cualquier eslabón débil o roto dificultará el contacto entre ambos–, será necesaria una adaptación por parte de fabricantes y distribuidores/detallistas a una nueva manera de operar. Tanto la captación como la retención de nuevos clientes, las tradicionales relaciones con él, las funciones del fabricante y del detallista, el protagonismo ante el cliente y, lo más importante, el reparto de «valor añadido en la distribución» han de ser materias de estudio y reflexión. Actualmente, en muchos casos, parece difícil concebir la cadena completa sin los tradicionales distribuidores y detallistas. La cuestión es ésta: con las nuevas tecnologías de la información, los ordenadores personales portátiles, internet, la telefonía móvil, etc., ¿sigue siendo tan necesaria la figura del intermediario, sea gran distribuidor o detallista, para completar la cadena de satisfacción del cliente?, ¿y para la captación de nuevos?
Un ejemplo lo encontramos en las zapatillas deportivas NikeID. No pueden

comercializarse en establecimientos tradicionales. Su diseño requiere un largo tiempo que no podría justificar el incremento en su precio final si interviniera un intermediario. Menos posibilidades tienen los productos cuyos márgenes son ya de por sí reducidos.

Existen algunos estudios sobre este delicado asunto, de los cuales presentamos escuetamente algunas conclusiones con la intención de que el lector disponga de elementos suficientes para formarse su opinión al respecto:

- Los fabricantes, distribuidores y detallistas deben adaptarse rápidamente a los cambios para satisfacer los deseos y las necesidades de sus clientes de productos personalizados. Ambos han de trabajar en equipo para asegurar la fidelización de los clientes.
- La personalización masiva sólo puede tener éxito si realmente se conoce qué sucede en el punto de venta.
- La información requerida para personalizar incluye la estrategia de precios asociada al precio objetivo del cliente (sensibilidad al precio), influencia de determinados medios de relación (como la publicidad), preferencias del cliente, etc. ¿Cómo captar esto de manera individual?

- **El procesamiento y la gestión de la información**
  Tradicionalmente, las empresas han centrado su atención en el procesamiento de la información que proporcionan los procesos y el objetivo de su gestión ha sido la eficiencia en el coste de sus actividades. Las tecnologías de la información y la comunicación ofrecen ahora la posibilidad de enriquecer la información sobre clientes, productos y procesos y con ello garantizar la eficiencia y la producción personalizada.

  Un avance significativo en el procesamiento y la gestión de la información lo constituye la integración del cliente en la cadena de satisfacción mediante su participación activa. La creación de valor iniciada en el ámbito del marketing con el procesamiento de la información individualizada procedente del punto de venta supera significativamente la cadena de valor tradicional. El éxito de la personalización masiva radica en construir un sistema gestor de la información que no sólo la recopile, sino que la haga fluir.

  Las actuales bases de datos son sólo eso: contenedores de datos. En personalización masiva, aparte de contener la información disponible sobre los clientes, deben generar un nuevo conocimiento en cada interacción con éstos, de manera que este conocimiento disponible se actualice y amplíe dentro de la propia empresa para incrementar así la eficiencia y calidad.

  Las empresas que han entrado en procesos de personalización de sus productos o servicios han tenido que construir un sistema de recopilación y gestión de la información que integra no sólo la de los diferentes procesos que intervienen, sino también la información que correspondería a lo que podríamos llamar «proceso de satisfacción de las necesidades individuales» y con ella enriquecer su base de datos.

5.2 I+D+I

5.2.1 *Cambios en la función de I+D*

El cambio de paradigma supone una serie de importantes cambios en la manera de entender la función de la investigación y el desarrollo. El más elemental y, probablemente, el de mayor trascendencia sea la incorporación de la innovación (+I). Esta función no puede seguir sustentándose sólo sobre la investigación y el desarrollo de nuevos productos, procesos éstos que pueden resultar en exceso costosos y, en algunos casos, con un más que discutible retorno.

Definitivamente, la incorporación de procesos de innovación y mejora constante de productos ya existentes es una vía de crecimiento empresarial a la que no se puede renunciar de forma injustificada.

No será posible tener éxito en procesos de personalización masiva si los técnicos de desarrollo e innovación no son capaces de:

- *Salir de su aislamiento.* Con esto queremos decir que I+D debe cambiar sus planteamientos y empezar a trabajar con un serio compromiso de «orientación al cliente». Asumir que el punto de partida de su actividad de diseño es la voz del cliente.

- *Trabajar en equipo.* Trabajar codo a codo con el área de marketing y convertirse en un receptor abierto a toda la información que le permita entender y posicionarse como si del mismo cliente se tratara.

- *Diseñar proactivamente.* Escuchando a las áreas de producción y logística, y desarrollando proyectos para la industrialización.

- *Innovar continuamente.* Visualizando los productos actuales desde todas las perspectivas posibles, contemplándolos como inacabados y todavía inagotadas sus posibilidades.

La voz del cliente debe convertirse en el elemento que permita al «equipo del proyecto» desarrollar, con mayor o menor rigurosidad, su QFD o «despliegue funcional de la calidad».

El QFD, para quienes no estén familiarizados con él, es una herramienta de apoyo al diseño de productos y servicios que recoge las demandas y expectativas de los clientes y las traduce, en pasos sucesivos, en características técnicas y operativas satisfactorias. Es, por tanto, un proceso sistemático que ayuda al equipo de proyecto a entender rápidamente las necesidades, los deseos, las expectativas, etc., de los clientes e integrarlos de manera que establezcan las bases y los fundamentos del diseño o los cambios en el diseño de sus productos o servicios.

Suponiendo que la información proporcionada por el área de marketing sea válida, con la elaboración del QFD se pueden establecer las bases de un diseño adecuado para un determinado segmento. Sin embargo, esto no es suficiente. Si bien el Departamento de Marketing es una de las principales fuentes de información, el proceso se pondrá realmente en marcha con garantías si a la información recopilada sobre la «voz del cliente», el equipo de desarrollo incorpora la proporcionada por los departamentos de Producción y Logística, añadiendo así valiosa información sobre procesos, recursos y posibilidades reales. Todo ello, para que el resultado final sea un producto viable, desde el punto de vista productivo y económico.

Decir que el equipo de desarrollo del producto debe concebir diseños para la industrialización significa plantear el diseño de manera que optimice los procesos de fabricación, ensamblaje y logística.

Existen herramientas de apoyo al diseño, como el AMFE (análisis modal de fallos y efectos), que permiten llevar a cabo aproximaciones a las dificultades, los problemas y los posibles defectos que pueden presentarse, bien durante el proceso de diseño (AMFE de diseño) o durante los procesos de fabricación (AMFE de proceso).

Finalmente, el equipo de desarrollo debe ser consciente de que un sistema interactivo de diseño en tiempo real —muchas veces necesario en personalización masiva—, partiendo de diseños «versátiles», ha de ofrecer la posibilidad de:

- Recoger las necesidades, los deseos y las características del cliente.
- Ofrecer una amplia gama de posibilidades, variaciones y combinaciones del producto básico.
- Modificar ágilmente la configuración del producto.
- Ser de uso sencillo para que pueda utilizarlo el mayor número posible de personas.

Las tecnologías avanzadas y las aplicaciones informáticas para el diseño de productos, como las estaciones de trabajo CAD/CAM u otras aplicaciones de apoyo, por ejemplo AutoCad, Catia, CAE, etc., se convierten en herramientas sin las cuales se hace difícil concebir la configuración de productos modulados en dinámicas de desarrollo e industrialización de ciclo corto.

5.2.2　*Configuración del producto*

Desde la perspectiva del desarrollo, la configuración del producto y la concepción de éste como una construcción modular son los criterios principales sobre los que se fundamentará la viabilidad de un proyecto de personalización masiva.

Plantearse la configuración del producto desde la visión amplia es la base de trabajo que ha de permitir introducir modificaciones en cualquiera de las fases del proceso, bien sea durante su diseño (con la participación del cliente) o bien en su fabricación, tratamientos, manipulaciones, etc. Estas modificaciones son las que van añadiendo el verdadero valor que refleja las necesidades y los deseos del cliente en especificaciones o requerimientos al producto final. El cliente las identificará y es por lo que estará dispuesto a pagar un poco más, y en algunos casos, mucho más.

La configuración de productos cuenta con una larga historia. Desde que el Equipo de Ingenieros del Conocimiento de la Digital Equipment Corporation inició sus primeros trabajos en este campo, se ha avanzado mucho en este sentido y se han desarrollado productos tecnológicos que actualmente nos permiten disponer de:

- Amplios conocimientos sobre el proceso de configuración.
- Arquitecturas de configuración.
- Diferentes sistemas de configuración de productos.

La configuración del producto, tal como manifiestan Cipriano Forza y Fabrizio Salvador,[5] «asume una particular relevancia a largo plazo, a la luz de las tendencias de la proliferación de productos y la de ofrecer productos personalizados:

- Tendencia a incrementar la variedad de producto y la superación del *trade-off* coste variedad.
- La relación existente entre variedad de producto y la personalización».

En una estrategia de personalización masiva, el desarrollo del producto tiene que ser considerado por la organización uno de sus puntos más críticos.

5.2.3　*Diseño de producto modular*

La concepción y el desarrollo de productos para personalización masiva implican un amplio conocimiento por parte de los técnicos de desarrollo del significado y las consecuen-

---

[5] Cipriano Forza y Fabrizio Salvador: *Configurazione di prodotto;* McGraw Hill, Milán, 2003.

cias de trabajar según este paradigma. Pensar en términos de familia de producto y concebir dicha familia como un puzzle sin límites. Un puzzle donde las diferentes piezas pueden intercambiarse sin que ello suponga una pérdida de funcionalidad o prestación, sino todo lo contrario, donde cualquier cambio que lleve a cabo el cliente comporte una ventaja añadida, individual y personalizada.

Existen ejemplos de amplio calado popular que han demostrado que partiendo de simples piezas, con algunos elementos estandarizados, es posible construir casi cualquier cosa. Quién no conoce los productos Mecano, Lego o Tente, entre otros. Con piezas concebidas sobre una base común y partiendo del principio de que todas han de ser combinables e intercambiables, un niño/a puede fabricar su propio automóvil, sus barcos, aviones, casas… sólo su imaginación le pone límites.

Los técnicos de desarrollo deben tener presente que un producto o servicio tiene el «valor añadido» que le adjudica quien lo compra y viene determinado exactamente por lo que éste está dispuesto a pagar; en ningún caso tendrá el valor añadido que la empresa establezca. Muchos productos o servicios fueron lanzados al mercado pensando que tenían un determinado valor añadido. No obstante, a medida que pasaba el tiempo la reducción de su precio de venta, que llegó en muchos casos al saldo, fue la única forma de recuperar la inversión realizada.

Resumiendo, el área de I+D+I debe partir de la base de que será muy difícil tener futuro en la personalización masiva si no se desarrollan productos que:

- Respondan a la voluntad del cliente.
- Se desarrollen mediante procesos de configuración adecuados.
- Se creen a partir de una arquitectura modular.

5.3 Industrialización y producción

5.3.1 Producción flexible

Una vez que el pedido ha sido confirmado, su viabilidad y la posibilidad de programar las diferentes actividades que se deben desarrollar han de garantizar el cumplimiento de la promesa formulada al cliente: «por muy poco más, sólo para usted». Durante la fase de desarrollo de producto es donde las posibilidades y limitaciones del proceso de fabricación adquieren una relevancia extraordinaria. En una estrategia de personalización, la versatilidad del producto tiene que ir de la mano de la flexibilidad y los adecuados recursos de fabricación.

Si entrevemos que la personalización masiva tiene un futuro más que tentador y que probablemente nos veamos afectados o, en el mejor de los casos, beneficiados por ella, ¿cuál es la característica principal que deben tener nuestros procesos de fabricación?

La respuesta, si bien no es exclusiva y particular de esta estrategia –recordemos los conceptos de calidad total, eficiencia total, etc.–, sí es más clara y contundente:

– agilidad,
– flexibilidad, y
– orientación al cliente.

Para las empresas que operan en sectores altamente competitivos y con una asumida orientación al cliente y hacia la calidad, como el sector del automóvil, iniciar un proceso de implantación de personalización masiva supone dar un paso más en la carrera que iniciaron a finales de la década de 1980 o principios de la de 1990, cuando la incursión de las empresas japonesas en los mercados occidentales puso de manifiesto que todo se podía mejorar y no necesariamente con incrementos significativos de los costes.

Estas empresas han demostrado que el elemento esencial para sobrevivir, incluso en los escenarios menos optimistas, es una combinación de «voluntad para cambiar» y «transpiración». Si una empresa es capaz de superar el dilema ¿cambio sí, cambio no?, el resto es una cuestión de trabajo y perseverancia.

Una de las características definitorias, de las empresas triunfadoras es el carácter perseverante de sus líderes, sobre todo, en su «visión». Una visión que debe transmitirse mediante una «misión» creíble y materializada en unos objetivos claros para todos los que integran la organización.

La mejora continua y la calidad total son, pues, el principio y, operativamente hablando, los puntos de partida de la personalización masiva.

La introducción de los cambios necesarios en los sistemas tradicionales de fabricación para adquirir agilidad y flexibilidad no debe significar un incremento significativo del coste, lo que precisa de grandes dosis de creatividad y trabajo en equipo, ya que aquí reside el verdadero secreto de la cuestión.

Si reflexionamos un instante sobre la función de producción, observaremos que los tradicionales sistemas de producción, los que actualmente están implantados en numerosas empresas, se caracterizan por:

– Mucha burocracia y poca flexibilidad.
– Una gran rigidez en los procesos.
– Un alto coste de preparación de máquina.
– Grandes volúmenes de material en proceso (existencias intermedias).
– Poca o ninguna participación del trabajador en los procesos de gestión.
– Una preocupación casi exclusiva por la cantidad.

No es necesario hallarse ante el dilema: ¿personalización sí, personalización no? En cualquiera de los casos, para sobrevivir tenemos que enfrentarnos a esta situación y superarla.

Las empresas que deciden embarcarse en un proyecto de personalización masiva, según B. Joseph Pine II, deben llevar a cabo como mínimo cuatro procesos de innovación en el área de producción:

1. Cumplir justo a tiempo con los aprovisionamientos y las entregas.
2. Reducir los tiempos de cambio y preparación de máquinas (SMED).
3. Reducir el tiempo de los ciclos *(Lead Time y Tack Time)* a lo largo de la cadena de valor.
4. Producir bajo pedido y no bajo producción planificada.

Consideramos que es del todo necesario actuar basándose en estos cuatro procesos, haciendo de los mismos los ejes sobre los que redefinir la manera de hacer. No obstante, también es importante plantearse el inicio de las actuaciones interviniendo muy seriamente en dos cuestiones previas:

- Declarar la guerra al «despilfarro» de recursos. Los resultados que se obtienen no son nada despreciables.
- Dar continuidad a los cambios organizativos que permitan trabajar en «células autónomas de producción».

A partir de estas dos cuestiones es más fácil enfrentarse a los cuatro procesos de innovación propuestos por Pine II. El objetivo es disponer de un sistema de gestión y operativo que garantice una «producción flexible».

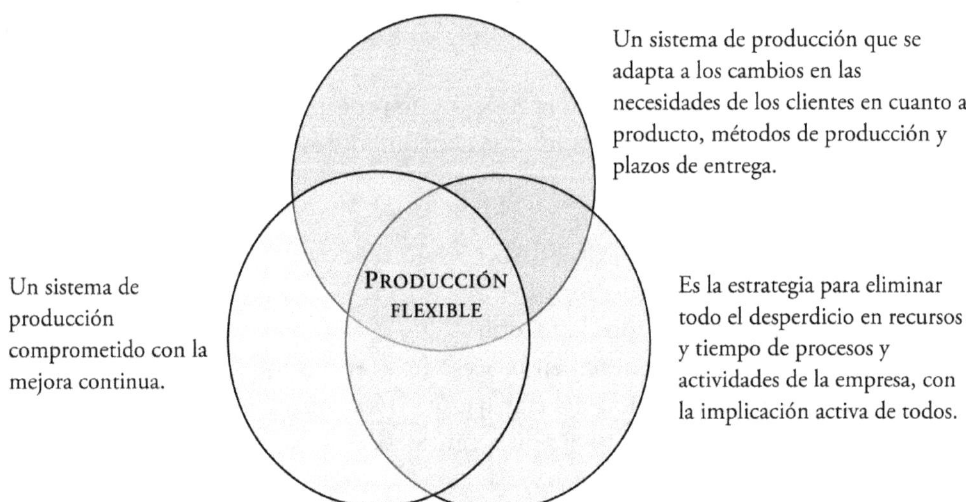

Figura 5.1. Esquema de la producción flexible.

La producción flexible centra su atención en el «valor del producto» y, por tanto, en las actividades que añaden realmente ese valor. Su implantación supone eliminar cualquier política, estrategia, directiva, sistema, decisión o actividad que no añada valor.

En este sentido, se debe entender que:

– El cliente está únicamente dispuesto a pagar por el valor que él percibe.
– El valor añadido significa llevar a cabo el trabajo por el que el cliente está dispuesto a pagar.
– La improductividad significa añadir coste, pero no valor.

5.3.2 *La guerra contra el despilfarro*

Algunas operaciones o actividades no añaden valor al producto y constituyen un despilfarro de recursos. Consumen tiempo y recursos, es decir, costes, y no incorporan ningún elemento justificado desde la perspectiva y percepción del cliente.

Despilfarro	*¿Por qué?*
La sobreproducción	Las existencias: - Cuestan dinero. - Generan una incorrecta actitud hacia el trabajo. - Producen problemas de calidad. - Consumen espacio.
Los tiempos de espera	- Por falta de material. - Por controles de calidad. - Por averías. - Espacios de tiempo entre la anterior y la siguiente operación.
El exceso de existencias	- Consume espacio. - Dificulta el almacenamiento fi-fo.[6] - Facilita que puedan dañarse. - Favorece que queden obsoletas. - Dificulta la localización. - Provoca movimientos innecesarios. - Reduce la necesidad de enfrentarse a los problemas. - Enmascara desequilibrios de capacidades.
El transporte de materiales	- Incrementa el riesgo de accidentes y/o de roturas. - No añade ningún valor. - Requiere espacios entre puestos.
Las piezas defectuosas	- Suponen una pérdida de tiempo. - Incrementan los costes *(scraps)*. - Requieren transportes, trabajos y controles adicionales. - En ocasiones, impiden el cumplimiento de los plazos.

---

[6] Abreviatura inglesa del sistema de almacenamiento *first-in/first-out,* esto es, que las primeras mercancías almacenadas son las primeras en extraerse, lo que contribuye a la máxima rotación de los productos. *(N. del E.)*

Los movimientos innecesarios	- Poseen un diseño deficiente de *lay-outs* y de métodos de trabajo. - Los materiales y las herramientas se hallan alejados del puesto.
La elaboración (proceso de fabricación)	- Se emplea material inadecuado. - Se utilizan herramientas con un recorrido excesivo. - Los ciclos son excesivamente largos. - El inicio del mecanizado se encuentra lejos de la pieza.

Tabla 5.1. Ejemplos de despilfarro en la industria.

La clave del éxito en la guerra contra el despilfarro es efectuar un concienzudo análisis de los procesos, discriminar las actividades que añaden valor y eliminar las innecesarias.

Sin embargo, no se pueden eliminar todas las actividades sin valor añadido. Algunas operaciones se han de llevar a cabo necesariamente en las condiciones comunes de trabajo. Nos referimos al denominado «despilfarro oculto», que entre otras operaciones, incluye las siguientes:

- Inspección.
- Movimientos para coger piezas alejadas del puesto de trabajo.
- Desembalado de piezas de proveedores.
- Cambios de herramientas.
- Manipulación doble de componentes.
- Desplazamiento de piezas de un lugar a otro.

5.3.3 *Células autónomas de producción*

Una célula hemos de entenderla como un conjunto de personas situadas en un espacio físico definido, en una zona de trabajo que son, en último extremo, responsables de la fabricación de un producto o familia de productos.

Las células poseen una ubicación geográfica visible, por lo que la distribución en planta de los medios y equipos productivos, de acuerdo con el proceso, debe ser lo más racional posible. Pueden también considerarse micro-fábricas dentro de la fábrica y su implantación obedece a una imperiosa necesidad de:

- Reducción de costes.
- Reacción inmediata a las fluctuaciones de la demanda.
- Cumplir cada día con plazos más cortos.
- Producir una calidad excelente.
- Cambiar rápidamente de actividad si es necesario.

Para lograr estos objetivos las células autónomas de producción han de estar dotadas como mínimo de las siguientes funciones y responsabilidades:

– Organización interna del trabajo dentro de unos límites marcados.
– Establecimiento de objetivos propios en línea con los generales.
– Responsabilidad por la calidad y la cantidad de trabajo.
– Rotación entre los componentes de la célula para conseguir mayor polivalencia y flexibilidad.
– Mejora permanente del proceso para simplificar y facilitar las tareas y optimizar los resultados.
– Orden y limpieza de la zona de trabajo respetando *lay-out* y proceso de trabajo.
– Realización de acciones de mantenimiento de primer nivel.
– Autodesarrollo del equipo: creatividad, innovación y autonomía.

5.3.4 *Justo a tiempo*

«Justo a tiempo», *just in time* o JIT, es un enfoque que busca eliminar todas las fuentes de desperdicio marcándose diversos objetivos:

– *Control cuantitativo,* al permitir la adaptación en cantidad y en variedad a las fluctuaciones constantes.

– *Calidad asegurada,* al tener la certeza de que cada proceso únicamente proporcionará al proceso siguiente unidades aceptables.

– *Respeto por la dimensión humana,* en cuanto que el sistema utiliza recursos humanos para alcanzar sus objetivos.

El sistema incluye, entre otros, dos conceptos especialmente significativos:

– *Flexibilidad en el trabajo,* que supone la variación del número de trabajadores en función de las variaciones de la demanda.

– *Pensamiento creativo,* mediante el aprovechamiento de las ideas del personal.

El pensamiento creativo se basa en estos diez principios:

1. Deseche todas las ideas fijas sobre la forma de hacer las cosas.
2. Piense en cómo trabajarán los nuevos métodos, no en cómo lo harían.

3. No acepte excusas, cuestione totalmente la situación.

4. No busque la perfección. Una tasa de implantación del 50 % es buena en tanto se ejecute.

5. Corrija los errores en el momento en que se presentan.

6. No gaste dinero en mejoras.

7. Los problemas le dan la oportunidad de utilizar el cerebro.

8. Pregunte ¿por qué? un mínimo de cinco veces hasta hallar la causa final.

9. Las ideas de diez personas son mejores que las de una sola.

10. La mejora no tiene límites.

Los trabajadores ofrecen mejoras al proceso de producción a través de sistemas de sugerencias y otras formas de participación.

Los trabajadores en el sistema JIT se responsabilizan de la producción de componentes, de su calidad y entrega justo a tiempo para respaldar el siguiente proceso de producción. Los componentes o productos se almacenan en contenedores pequeños y se suministra sólo un número específico de estos contenedores por medio de sistemas *«kanban»*. Cuando se llenan todos los contenedores se paran las máquinas y no se produce hasta que el centro de trabajo siguiente proporciona un contenedor vacío.

En este sistema de producción, el inventario de producto en proceso se limita a las existencias en los contendores disponibles, y las partes se suministran únicamente a medida que se necesitan. El programa del ensamblaje final traslada los componentes de un centro de trabajo al siguiente justo a tiempo para cubrir las necesidades de producción. Si un proceso se detiene debido al paro de una máquina o a problemas de calidad, todos los procesos anteriores de forma automática se detienen cuando los contenedores de sus componentes se llenan.

El sistema JIT requiere un perfil de trabajador polivalente y policompetente, con una cualificación profesional que le capacite para operar con varias máquinas a la vez, prepararlas y efectuar el mantenimiento de primer nivel.

Esto implica que el JIT requiere una mejor cualificación profesional, trabajo en equipo y un nivel de coordinación superior al normal, porque el inventario no está disponible para cubrir problemas del sistema.

La gerencia debe asegurarse de que los trabajadores entiendan sus funciones y asuman sus responsabilidades, así como de formarlos y motivarlos para que acepten el sistema JIT, pero no como un programa más sino como un enfoque diferente en producción. Sin su total compromiso es imposible implantarlo.

La calidad es absolutamente esencial con un sistema JIT. Aquí los defectos no sólo producen despilfarro, sino que pueden provocar la parada del proceso de producción. Al no disponer de existencias intermedias para cubrir los errores, se requiere de una calidad asegurada y en muchos casos concertada con proveedores.

La concepción del sistema JIT ayuda a fabricar con calidad desde el principio, pues los defectos son detectados inmediatamente gracias al autocontrol aplicado en todos y cada uno de los puestos de trabajo. Su consigna es que el defecto no debe llegar nunca a la siguiente estación de trabajo.

Finalmente, las relaciones con los proveedores cambian de forma radical en un sistema JIT. Se requiere de éstos que lleven a cabo entregas más frecuentes (hasta cuatro veces al día) y, en muchos casos, directamente a la línea de producción. Para ello, los proveedores reciben contenedores *kanban* iguales a los de los centros de trabajo propios. Las plantas de los proveedores son consideradas una extensión de la propia planta y se piensa en ellos como socios y nunca como rivales.

Un aspecto fundamental que hay que observar son las actividades de análisis y resolución de problemas. La gerencia y los trabajadores deben impulsar y mantener el sistema funcionando al completo. En la mayoría de los casos, las actividades de resolución de problemas se inician con la eliminación de inventario, el cual se considera la raíz de todo mal, y con la implantación de las «cinco eses» (orden y limpieza).

Si bien el sistema de producción JIT se fundamenta en la filosofía de la mejora continua, en la realidad hemos constatado que su implantación no es tarea fácil.

Hall sugirió en 1982 las siguientes premisas para facilitar su implantación:

- *Obtener el compromiso de la alta gerencia.* Ésta debe ser consciente de los cambios requeridos, proporcionar el liderazgo necesario para adoptar el enfoque JIT y diseñar un plan de implantación.

- *Ganarse la cooperación de los colaboradores.* Garantizar el empleo estable, comprometerse con la capacitación y estimular la participación. Las actividades de mejora en grupos pequeños tales como «equipos de mejora» se deben utilizar para lograr que todos los colaboradores se involucren en la resolución de los posibles problemas.

- *Empezar por la línea de ensamblaje final.* Nivelar la producción para que sea casi idéntica cada día, reduciendo los tiempos de preparación hasta que las referencias se puedan alternar. Utilizar contenedores estándar para componentes y hacerlos fácilmente accesibles a la línea de ensamblaje.

- *Reducir los tiempos de preparación y el tamaño del lote.* Trasladar el inventario de los almacenes al taller.

- *Equilibrar fabricación con el ensamblaje final.* Esto puede requerir la corrección de caídas ligeras de la capacidad.

- *Extender el JIT a los proveedores.* Negociar contratos a largo plazo con ellos.

Para finalizar este apartado, resumimos los puntos clave del sistema JIT:

- El sistema JIT se basa en una filosofía de eliminar el despilfarro de recursos y utilizar la capacidad completa de cada trabajador.

- El objetivo del sistema JIT es mejorar el rendimiento sobre la inversión. Esto se lleva a cabo mejorando los ingresos (mediante la calidad, las entregas e incrementando la flexibilidad), reduciendo los costes y el inventario.

- El sistema *kanban* proporciona un número fijo de contenedores para cada componente. Cuando estos recipientes están llenos, no se produce más de ese componente y se limita así su inventario. Se estimulan las actividades de mejora continua por parte de los colaboradores y la gerencia para reducir el número de contenedores y el tamaño de los mismos.

- Reducir el tamaño del lote y los tiempos de espera son la clave para disminuir los inventarios.

- El JIT requiere trabajadores cualificados, que sean capaces de desarrollar múltiples funciones: operar varias máquinas a la vez, y llevar a cabo ajustes, mantenimientos y actividades de inspección.

- Las relaciones con los proveedores cambian sustancialmente. Se requiere una mayor frecuencia de entregas y confiar en una calidad concertada.

5.3.5 *Cambio rápido de formato (SMED)*

El objetivo del cambio rápido de formato (SMED) es producir componentes en lotes de tamaño uno. En muchos casos, esto no resulta factible económicamente debido al coste de preparación de la maquinaria, sobre todo si lo comparamos con el coste que tiene trabajar con inventario. La solución reside en reducir el tiempo de preparación tanto como sea posible, idealmente inferior a un minuto, de ahí el acrónimo SMED, del inglés *Single Minute Exchange of Die*.

El tiempo de preparación es una causa del exceso de inventario. Tiempos de preparación cortos aumentan las posibilidades de reducir el tamaño de los lotes. La reducción del tiempo de preparación de las máquinas es un punto clave del sistema JIT.

El tiempo de cambio debemos considerarlo el tiempo transcurrido entre la última pieza conforme de una fase de producción y la primera de la siguiente.

- **Reducción del tiempo de preparación y del tamaño del lote**
  Reducir el tiempo de preparación es importante, ya que incrementa la disponibilidad de la maquinaria, aumentando con ello la flexibilidad para dar respuesta a los cambios de programa, a la vez que ayuda a reducir el trabajo en proceso. A medida que los tiempos de preparación se aproximan a la meta de ser inferiores al minuto, es posible convertir en realidad el lote ideal, el lote de una unidad.
  En la reducción de los tiempos de preparación existen dos fases diferentes que constituyen los pilares del cambio rápido:

  - *Preparación interna:* la que se lleva acabo con la máquina parada. Ejemplo: ajustar o retirar matrices.

  - *Preparación externa:* la preparación que se puede llevar a cabo con la máquina en marcha. Ejemplo: aprovisionamiento o almacenamiento de los útiles cambiados o para cambiar.

Los técnicos tienen como objetivo transformar la preparación interna en externa y conseguir el SMED. Para ello, deben analizar todas las operaciones de preparación interna, que son efectuadas con máquina parada, y estudiar posibles alternativas para transformarlas en operaciones de cambio externas, que se puedan llevar a cabo con la máquina en funcionamiento.

5.3.6 *Ciclos cortos de producción*

Por ciclos cortos de producción se entiende un sistema de fabricación basado en un concepto *pull,* que se sustenta sobre la base de la transferencia del *empowerment,* y con él la propiedad del proceso a un equipo autónomo de trabajadores. En este equipo recae la responsabilidad y la autoridad para crear las condiciones óptimas del proceso de fabricación, garantizando la calidad desde su inicio.

Para lograr estos ciclos cortos de producción, los equipos autónomos proporcionan una serie de ventajas respecto a los sistemas tradicionales. La principal es el alto nivel de flexibilidad que permiten alcanzar. Otras ventajas adicionales son los reducidos niveles de materiales en proceso, el menor o nulo *stock* intermedio, la reducción del tiempo del ciclo de producción, así como una garantía y una calidad mejores; también se consigue mayor integración y compromiso de todos los miembros del equipo.

Los avances en la implantación de un sistema de producción flexible permiten operar con ciclos de producción cada vez más cortos, y culminan cuando son capaces de «fabricar bajo pedido» *(built-to-order).*

5.4   La logística del producto personalizado: integración de la cadena de aprovisionamiento

El reto de fabricar bajo pedido productos cuyo coste no supera por regla general el 12-15 % de lo que costaría hacerlo en un sistema de producción masiva, convierte a la logística en una pieza clave, y nos obliga a considerar el justo a tiempo y los costes logísticos desde un punto de vista integral, es decir, abarcando el proceso desde el primer proveedor hasta el cliente final. La función logística se ha de replantear ampliando sus fronteras tradicionales hasta alcanzar la máxima integración de todos los procesos logísticos internos y externos.

La logística integral debe tener en cuenta un conjunto de actuaciones y procedimientos que permitan:

- programar las producciones,
- proveer materiales y componentes, y
- gestionar las existencias.

Y todo ello sin olvidar que la distribución a los clientes puede tener lugar en cualquier parte del planeta.

Las técnicas para lograr que todo esto funcione deben fundamentarse en el justo a tiempo, pues esto permitirá la sincronización de la producción y los suministros optimizarán los costes.

Recordemos que los principios de una producción bajo pedido, se trate de productos personalizados o estándar, son:

- Reaprovisionamiento automático de componentes y materiales sin pedidos ni inventarios.
- Lotes de producción de tamaño uno sin retrasos en la preparación de máquinas.

Por otro lado, la culminación de la implantación del justo a tiempo tiene que materializarse en la creación de una cadena de suministro «espontánea».

En opinión del doctor David M. Anderson, en su libro *Built-to-order and Mass Customization,* la cadena de suministro espontánea o *pulling,* sin emisión de pedido y sin inventario, puede ser implantada mediante:

- La organización de flujos constantes y estables de los componentes estándar que podrían ser empleados de un modo u otro.

- La organización de técnicas de reaprovisionamiento automáticas como *kanban, breadtruck* y *mix/max.*

- Dando forma por corte a las materias primas desde las referencias más largas o medidas estándar mediante centros CNC, como cortadores láser y fresadoras, por máquinas de corte programables de un solo eje, o por herramientas automáticas controladas por instrucciones en línea.

- Para componentes no susceptibles de ser suministrados en kanban, los proveedores deberían implantar la fabricación espontánea bajo pedido. Éste es el único modo de suministrar componentes personalizados masivamente que sean requeridos para fabricar productos personalizados también de manera masiva. En la fabricación de los componentes bajo pedido se puede optar por la fabricación interna o confiar en unos proveedores ágiles.

- Pedidos selectivos de componentes inusuales para productos en los cuales la respuesta temporal no es importante.

- Mientras las técnicas antes expuestas son implantadas, será necesario disponer de existencias de seguridad estratégicas de algunos materiales. Las demandas de estas existencias deberían basarse en alguna previsión; no obstante, si las materias primas son estándar la previsión resultará más fácil de llevar a cabo por la demanda acumulada de todo el consumo.

Parece obvio, pues, que el sistema logístico integral es, en cierto modo, el eje vertebrador de toda la gestión productiva.

Las actuales tecnologías permiten interconectar en red todos los puntos de la cadena de suministro y producción y pronosticar sus necesidades, al ofrecernos información en tiempo real de las ubicaciones de los componentes, las existencias, las transacciones y los contenedores *(kanbans),* los módulos de transporte, etc., así como de todos los talleres y plantas afectados, a la vez que los sistemas automatizados de almacenamiento y preparación de pedidos agilizan el proceso de suministro. Sin estas herramientas es imposible llevar a cabo un proceso real de logística integral.

Actualmente, no cabe duda de que la integración de la cadena de aprovisionamiento es el talón de Aquiles en la implantación de una estrategia de personalización masiva, a sabiendas de que es en la tecnología donde reside la clave para desarrollar una cadena de suministro capaz de poner en manos del cliente productos personalizados.

El gran desafío y principal caballo de batalla para implantar la personalización masiva se encuentra en las posibilidades de poder gestionar eficientemente la cadena de proveedores. La puesta en marcha de este proyecto requiere disponer de un sistema de comunicación y de gestión de la cadena logística propia y de los proveedores altamente automatizados.

La información constituye la herramienta común de todos los que participan en el proceso de personalización. Su gestión debe permitir y asegurar su disponibilidad para cualquier demanda en los puestos que intervienen en ese proceso y en el momento adecuado. De este modo, las actividades de fabricación se ponen en marcha asumiendo cada unidad de producción la responsabilidad de uno o varios módulos o subconjuntos. La información debe fluir y, por tanto, requiere compartir sistemas de gestión con los distintos proveedores implicados en la «cadena de satisfacción».

Capítulo 6

Personalización masiva en los servicios

6.1 ¿Qué es un servicio?

Cuando coloquialmente hablamos de «producto», salvo excepciones, casi todo el mundo parece tener claras las implicaciones de dicho término; sin embargo, cuando hablamos de «servicio», se observa avidez en la mirada de nuestro interlocutor a la vez que, de manera automática, asiente con la cabeza. Este mensaje no verbal evidencia que este concepto dista mucho de ser universalmente compartido y, por tanto, está sujeto a múltiples interpretaciones. Ello se debe a que todos hemos tenido delante de nosotros un producto, lo hemos tocado, manipulado y, en algunos casos, incluso roto. Un producto existe físicamente, se percibe con más o menos definición, se puede medir y pesar; en resumen, es algo concreto. Un servicio, por el contrario, resulta mucho más difícil de imaginar y de medir directamente. Todos podemos poseer un producto; no obstante, ¿quién puede poseer un servicio? Aunque se haya pagado por él.

A finales del siglo XX, la norma internacional ISO 9000, relativa al aseguramiento de la calidad, introdujo una definición de producto que cambió nuestra manera de enfrentarnos a la gestión de los servicios. La norma ISO 9000 no distingue entre producto y servicio, ya que su definición de «producto» incluye el concepto de «servicio»:

«Producto/servicio es el resultado de uno o más procesos».

De acuerdo con esta definición, la prestación de un servicio puede implicar, por ejemplo:

a) una actividad llevada a cabo sobre un producto tangible suministrado por el cliente (por ejemplo, la reparación de un automóvil);
b) una actividad efectuada sobre un producto intangible suministrado por el cliente (por ejemplo, la declaración de ingresos necesaria para preparar la devolución de los impuestos);

c) la entrega de un producto intangible (por ejemplo, la entrega de información en el contexto de la transmisión de conocimiento);

d) la creación de una ambientación para el cliente (por ejemplo, en hoteles y restaurantes).

Esta definición nos permite aclarar una trampa mental, restringir el concepto «servicio» a una de sus partes: la conocida por todos como la «atención al cliente». Si bien es cierto que constituye una parte muy importante, no representa la totalidad del servicio. Para arrojar algo más de luz sobre este punto, nos apoyamos en la distinción que Jacques Horovitz elaboró en 1991 al clasificar los servicios en dos grandes grupos:

– los servicios de productos, y
– los servicios de servicios.

- El *servicio de producto* es el asociado a la adquisición de un producto (vehículo, electrodoméstico, etc.). Define el conjunto de prestaciones que el cliente espera con la finalidad de obtener la máxima tranquilidad y despreocupación posibles durante la vida útil del producto.

- El *servicio de los servicios* es el relacionado con la adquisición de un servicio (turístico, bancario, hospitalario, de asesoría...). Comprende las dos dimensiones propias de un servicio: la prestación deseada y la experiencia vivida durante la prestación.

Esta diferenciación entre prestación deseada y experiencia vivida nos permite comprender que todo servicio está constituido por dos componentes:

– el servicio básico, y
– el servicio asociado.

- El *servicio básico* es la prestación central y constituye la razón de ser del servicio. Los componentes de este servicio son la satisfacción por la prestación y por el suministro.

El *servicio asociado* es todo aquello que se puede ofrecer y que no forma parte de la prestación central.

Los componentes de este servicio son la satisfacción por el acceso, la relación, la información, los consejos, el seguimiento, el entorno y los soportes, los materiales y equipos empleados, etc.

Habitualmente, un producto se compra acabado y listo para ser utilizado, mientras que un servicio se compra o solicita en una interacción entre proveedor y cliente antes de ser elaborado y prestado. Su elaboración y consumo son la mayoría de las veces simultáneos y tras la prestación sólo queda el recuerdo y la satisfacción o insatisfacción de una experiencia vivida.

Los servicios tienen una serie de características específicas que se deben considerar al captar su verdadera esencia para poder así actuar seriamente sobre ellos:

- Un servicio es *intangible* y en la mayoría de los casos *se elabora y consume a la vez.*
- Un servicio *no puede ser poseído* por quien lo adquiere y tras su consumo la inmensa mayoría *sólo permanecen en el recuerdo.*
- La *falta de homogeneidad* es inherente al servicio, el cual es esclavo del momento y lugar, del estado de ánimo de quien lo presta y del que lo consume, en ocasiones condicionado incluso por la climatología.
- En un servicio, el comprador desempeña un papel fundamental y requiere una *alta implicación entre cliente y proveedor.*

La diferenciación clásica entre producto y servicio, reduciendo en ocasiones a este último a la atención al cliente, ha conducido a que el cliente no sea siempre consciente de que tras la expresión «servicio» existe, además, un producto diseñado, elaborado y listo para ser consumido.

6.2 El reto en el sector de los servicios

En el sector de los servicios las estrategias se están reorientando. El afán de competir en precio y, por tanto, con la máxima estandarización posible, al igual que en los productos industriales, está dejando paso a una mayor preocupación por conocer más profundamente al cliente y procurar una interacción más intensa. En síntesis, se está trabajando con una mayor orientación hacia el cliente.

Sorprende que algunos ejecutivos todavía piensen que los clientes deben adaptarse a la empresa en vez de la empresa a los clientes. Sobre todo, cuando un café ya no es café, sino que para alguien es:

«Un café corto de sobre, con sacarina, en un vaso largo, con cuchara corta y plato grande, un poco de leche tibia y con crema, por favor» (Joan Elías).[7]

---

[7] Joan Elías: *Clientes contentos de verdad,* Ediciones Gestión 2000, Barcelona, 2000.

Las tendencias de los mercados, condicionadas por los avances socio-económicos y una oferta increíblemente variada, exigen una mayor diferenciación. Empresas que en otro tiempo crearon sólidas imágenes de marca, hasta el punto de que el gran público sustituía el nombre del producto por el de la empresa, comprueban ahora cómo poco a poco la clásica segmentación de los mercados está dejando de tener la capacidad de generar los retornos a los que estaban acostumbradas. No son pocas las que han empezado a gestionar sus «misiones» hacia «visiones» más retadoras: ofrecer soluciones individualizadas para el mayor número posible de clientes.

El reto en el sector de los servicios es desgranar el proceso o los procesos implicados en la elaboración y prestación, del servicio básico y del servicio asociado, identificar los diferentes elementos que intervienen en cada etapa de dichos procesos y crear un número suficiente de alternativas en cada una de éstas para lograr la máxima personalización posible. Todo ello procurando unos costes asumibles por un volumen de clientes significativamente superior al actual.

6.3 Aproximación a la implantación de la personalización masiva en los servicios

Las empresas que hace unos años se anticiparon y cambiaron sus estrategias buscando una mayor competitividad por medio de la calidad y una mayor personalización de los servicios, establecieron una serie de criterios que hay que considerar:

- Se debía elegir un segmento clave.
- El departamento de marketing debía identificar las necesidades, las expectativas y los deseos del segmento clave.
- La dirección de la empresa tenía que elaborar una promesa dirigida al segmento clave.
- Los creativos pensaban en cómo incrementar el número de posibilidades de elección al alcance del segmento clave.
- Y la inmensa mayoría coincidía en que intentar satisfacer a todos era la mejor manera de fracasar.

Estos criterios proporcionaron los resultados esperados y posibilitaron el diseño, la elaboración y la prestación de unos servicios excelentes y altamente personalizados. Pero, para un segmento «clave» muy concreto, la mayoría de alto poder adquisitivo.

El proceso que siguieron les permitió definir el servicio en toda su amplitud y establecer los objetivos de gestión del mismo. Como fundamento del servicio se trabajó sobre dos factores fundamentales:

- el tiempo de duración del mismo, y

– el nivel de interacción con el cliente.

De estos dos factores se derivaron los dos parámetros básicos. Uno facilitó al proveedor y a sus colaboradores hacerse una idea global de cómo gestionar el servicio, mientras que el otro permitió al cliente conocer lo que podía esperar de dicho servicio:

– su precio, y
– su nivel de personalización.

El paradigma clásico concluyó, tomando como referencia estos parámetros y como si de un axioma se tratara, que cuanto más se desease personalizar un servicio mayor sería su precio, y cuanto más se quisiera reducir su precio más se debería estandarizar.

El nuevo paradigma considera que este posicionamiento es algo simplista y probablemente adecuado en épocas en que la entrada de nuevos competidores era más restringida, cuando la irrupción de sustitutivos era menos constante y el canibalismo en el mundo de los negocios, menos feroz.

Este nuevo paradigma pone de manifiesto lo que los directivos ya saben pero se resisten a plantear sobre la mesa de trabajo: que los mercados están cambiando más rápidamente de lo que les gustaría. Se resisten porque tendrían que replantearse muchas cosas e impulsar muchos cambios. Las empresas tendrían que embarcarse en una cruzada contra la resistencia de sus colaboradores y convencerles de la bondad y necesidad de dichas transformaciones. Sin duda necesitarían una aportación extra de recursos. Sería necesario... Pero, ¿quién dijo que el mundo empresarial era cosa sencilla?

Las estrategias clásicas y la creencia en su axioma, en nuestra opinión, han conducido al sector de los servicios a un círculo vicioso materializado en dos espirales sin fin:

• Una espiral impulsada hacia la máxima de la estandarización, buscando un mejor precio y cuyas consecuencias han sido el deterioro del servicio, a veces hasta un nivel dramático. Un ejemplo de ello es el caso de la localidad de Lloret de Mar (en la provincia de Girona) y su oferta turística. Oferta mundialmente famosa por su bajo precio y el elevado consumo de alcohol como base del servicio. Al finalizar el verano de 2006, las instituciones locales se plantearon obligar al cierre de los establecimientos cuya oferta se dirigía en esa dirección.

• La otra espiral, para quienes se lo pueden permitir, se orienta a la máxima personalización y exclusividad posibles. A modo de ejemplo, para evidenciar la comparativa con el caso anterior, mencionaremos la oferta turística de algunos complejos hoteleros de las islas Maldivas. En dichos establecimientos se dispone de todo lujo de detalles y servicios complementarios, incluidas playas particulares y un asistente personal asignado durante toda la estancia del cliente. La misión principal de este ayudante es velar por que al cliente no le falte absolutamente de nada en ningún momento, durante veinticuatro horas al día.

Las empresas que abogan por la estandarización y el bajo precio se condenan, en el mejor de los casos, al estancamiento y a la desaparición en un horizonte no muy lejano.

Las que han apostado por la diferenciación (exclusividad y máxima personalización), sin duda no van a tener grandes problemas, al menos a corto y medio plazo, y posiblemente tampoco en el futuro lejano. El mundo desarrollado continúa generando fortunas que continuarán alimentando este selecto club.

Hemos efectuado esta simplificación con el único propósito de ofrecer una visualización lo más clara posible de las importantes distancias que hay entre ambas estrategias, ya que entre estos dos extremos, en el amplio espectro de líneas de servicios presentes en el mercado, han existido siempre múltiples posicionamientos y escenarios intermedios.

Si bien la personalización masiva es una alternativa para todos, creemos que en el amplio abanico que existe entre los dos extremos se pueden encontrar sus mejores oportunidades.

La figura 6.1 muestra diferentes posicionamientos en el mercado y su relación con las posibilidades de personalización masiva. Nos basamos en los dos parámetros antes mencionados y que son válidos en ambos paradigmas: el precio y el grado de personalización.

Figura 6.1. Posibilidades de posicionamiento en el mercado y de personalización masiva.

Como se observa en dicha figura, la personalización masiva dista mucho de ser algo enteramente ajeno al marco de la definición de un posicionamiento y una estrategia competitiva concretos. La novedad que aporta al sector de los servicios es la posibilidad de contemplar la personalización como una alternativa con diferentes niveles de formalización, a los cuales es posible acceder desde cualquier punto de partida.

- **Estándar**
  Cuando se comercializan productos o servicios empaquetados, es decir, sin posibilidad de ser modificados. En la medida que este producto puede ser suministrado por varios proveedores y tiene múltiples sustitutos, sus únicas bazas competitivas serán su precio y su proximidad al cliente. En este caso, el proveedor pierde totalmente el control sobre su precio.

- **Líder**
  Un producto o servicio es líder cuando sus características y prestaciones lo hacen altamente atractivo para el consumidor en general, a pesar de que existan en el mercado competidores y sustitutos, y sus procesos de elaboración y suministro han alcanzado unos costes que permiten asignarle un precio de venta muy competitivo. En muchas ocasiones, la elevada demanda facilita que el proveedor del producto líder pueda permitirse unos márgenes holgados.

- **Monopolio**
  Es una situación de fallo de mercado en la cual para un producto, un bien o un servicio determinado, sólo existe la oferta de un único productor. Dicho producto no tiene un sustituto, es decir, ningún otro por el cual se pueda reemplazar sin inconvenientes; por tanto, este producto es la única alternativa que tiene el consumidor para comprar.
  El proveedor tiene un gran control e influencia sobre el precio del producto, controla la cantidad total que se ofrece en el mercado y se convierte así en un «formador de precios».

- **Marca**
  El prestigio alcanzado por un producto, gracias a su calidad y adecuación a las necesidades y expectativas del usuario, puede generar en el consumidor una identificación del mismo con una de las marcas que lo suministran. Tal identificación se materializa en el punto de venta cuando el consumidor utiliza la denominación de la «marca» en vez del nombre del producto en el acto de compra. Se establece tal vínculo emocional entre marca-producto/servicio-consumidor que cualquier otra marca no se identifica con ese producto en concreto. «Sí, pero no es lo mismo», se suele decir. Este fuerte vínculo emocional puede relegar el precio a un segundo tér-

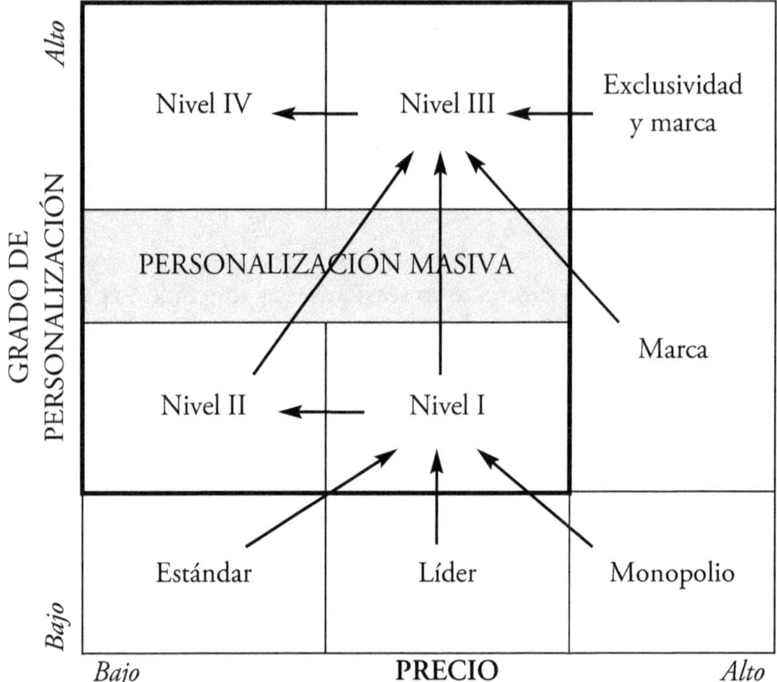

*Figura 6.2. La personalización masiva ofrece una más amplia perspectiva
y un número mayor de alternativas.*

mino, de tal manera que el consumidor sólo tienda a privarse de su consumo cuando el precio empiece a ser demasiado desproporcionado. El proveedor puede permitirse obtener una alta rentabilidad.

- **Exclusividad**
  Se oferta cuando se está en posesión de un producto o servicio con unas prestaciones muy altas y una gran flexibilidad para ser personalizado. Su precio no es un elemento relevante. La satisfacción por la reafirmación personal y la sublimación de la experiencia de poseerlo o disfrutarlo hace que no duden en adquirirlo quienes se lo pueden permitir. En algún caso se dudará entre marcas, salvo cuando la exclusividad está vinculada con una marca.

Como se aprecia en la figura 6.2, la personalización masiva ofrece la posibilidad de disponer de una más amplia perspectiva y un número mayor de alternativas. Pone de manifiesto que no deben existir la precipitación y los planteamientos simplistas y radicales del todo o nada, de un posicionamiento u otro. Coloca ante nosotros un horizonte «ideal» (nivel IV) y una serie de opciones o metas en el camino hacia él (niveles I, II y III) que facilitan la migración dependiendo del posicionamiento o escenario de partida. De la misma manera, permite poder decidir cuándo interesa más consolidar un posicionamiento que continuar la carrera para lograr metas más altas. Recordemos que la personalización masiva es la posible opción que hay que contemplar cuando las circunstancias del mercado y el posicionamiento en el mismo lo exijan, lo recomienden o cuando se quiera sorprender a los competidores adelantándose a ellos. No es una alternativa a la cual lanzarse sin antes haber calculado bien los riesgos o, mucho menos, porque en algún momento pueda ser una moda.

La figura 6.2 muestra diferentes posibilidades para efectuar una migración, lo suficientemente segura como para que en ningún momento ponga en peligro la viabilidad de una actividad empresarial. Por ello recomendamos no diseñar proyectos de reingeniería, sino más bien sustentar los avances en programas de *mejora continua* e *innovación continua*.

- **Nivel de personalización masiva I**
  El proceso de mejora continua contribuye a reducir los costes, en tanto los creativos presentan alternativas cuya repercusión en el precio, si bien es alta, permite competir.

  - Si partimos de un producto *estándar*, con procesos, capacitación profesional y recursos tecnológicos limitados, la inversión y el esfuerzo requeridos pueden ser significativos. Sin embargo, si se decide embarcarse en esta nueva empresa es porque puede ser la única alternativa. Partiendo de un producto estándar, inmerso en una economía de escala, con unos márgenes estrechos, no creemos que personalizar sin incrementar los precios sea una alternativa viable (nivel II).
  - Si partimos de un posicionamiento *líder,* este primer avance no tiene por qué suponer un gran trastorno si el incremento del coste necesario para llevar a cabo la personalización se compensa con el incremento de los potenciales clientes. Todo dependerá de las reservas y del margen de tiempo que éstas permitirán hasta alcanzar un equilibrio razonable.
  - Partir de una posición de *monopolio* es actualmente más que improbable en los países desarrollados. Si fuese el caso, esta situación vendría dada por la pérdida forzada de ese privilegio. Primero provocaría una sensación de angustia en un cuadro directivo no acostumbrado a moverse en un ambiente de «caos». Podrían emplearse diferentes alternativas empresariales, pero en el caso que nos ocupa diríamos que, aprovechando los efectos de una imagen de marca presente en la mente de todos, se podría optar por sacrificar parte del margen reinvirtiéndolo en procesos de personalización que fuesen vistos como una modernización de la compañía y una oferta con mayor valor añadido. Este movimiento debería ser considerado una situación de transición hasta alcanzar un nivel III. Alguien

se preguntará ¿por qué no dar un salto directo al nivel III para conservar un número mayor de clientes? Creemos que la dinámica e inercia internas, creadas por la falta de competencia, habrán desarrollado fuertes resistencias al cambio, así como una discutible actualización de las competencias profesionales, y en un nivel III las exigencias y demandas profesionales, sobre todo en lo que respecta a la flexibilidad y orientación al cliente, son críticas.

- **Nivel de personalización masiva II**
  El salto del nivel I al nivel II será consecuencia del éxito de los programas de mejora continua y de los avances logrados por los proyectos de innovación que se haya puesto en marcha. Si estos programas y proyectos tienen un retorno significativo, sus efectos pueden repercutir en un descenso de los precios, pudiendo alcanzar precios estándar accesibles a un volumen mayor de clientes o, mientras no sea necesario, al ser un producto atractivo por su relación precio-nivel de personalización, permitir una reducción progresiva de su precio y rentabilizar al máximo las inversiones llevadas a cabo.

- **Nivel de personalización masiva III**
  Alcanzar un nivel III supone haber logrado engrasar los procesos, disponer de la tecnología que permite gestionar la información necesaria y contar con colaboradores cuyas competencias profesionales son, entre otras:

  – la orientación al cliente,
  – la asertividad,
  – la flexibilidad,
  – la capacidad para solucionar problemas,
  – la capacidad para trabajar en equipo, y
  – la creatividad.

En este nivel, la implantación de los programas de mejora continua y los proyectos de innovación continua habrán logrado sus objetivos y se habrá conseguido ofertar un producto o servicio muy personalizado a un precio casi objetivo. *Precio objetivo* sería el que necesariamente se ha de alcanzar para obtener un servicio masivamente personalizado.

Al nivel III se llega desde cualquier posicionamiento o punto inicial de partida, en algún caso incluso directamente.

– Si se ha efectuado una apuesta seria por la personalización masiva y se ha salvado el primer escalón (nivel I), la continuidad, el seguimiento y el refuerzo de los programas de mejora e innovación continua conducirán directamente al nivel III. El incremento en las posibilidades de personalización, sin una alza de precio significativa, hace que el producto o servicio sea percibido con un plus o valor añadido, por el que un número mayor de potenciales clientes está dispuesto a pagar.

— Encontrarse en el nivel II significa haber llevado a cabo un importante esfuerzo, ya que se ha logrado realizar procesos de personalización masiva y sobrevivir al esfuerzo de invertir recursos. También se ha sido capaz de aprovechar las oportunidades de mejora e innovación y se ha conseguido reducir el precio a nivel estándar. Se ha alcanzado el primer hito: un cierto nivel de personalización a un precio asequible para un mercado más amplio. En estos momentos, ya inmersos en la rueda de la personalización, los equipos de innovación y los creativos deben arriesgar más y centrarse en lograr mayores cotas de personalización, conscientes de que esto significará un incremento de costes y, en consecuencia, de los precios. Por tanto, ese incremento de costes debe estar controlado en todo momento. El precio objetivo debe ser su única limitación y obsesión.

— Si se disfruta de una imagen de marca, los motivos para embarcarse en este nuevo reto pueden ser varios: la competencia ya se está moviendo; otras marcas empiezan a reducir las distancias y cualquier error de cálculo puede hacer que el cliente sienta la tentación de probar otra marca; o se quiere sorprender a la competencia anticipándose. La fidelidad del cliente es sumamente frágil y cada vez es mayor la capacidad de las personas para romper vínculos emocionales con los proveedores habituales.

En este caso, alcanzar el objetivo de posicionarse en el nivel III no debe resultar especialmente traumático. ¿Qué línea de negocio con una buena imagen de marca no ha efectuado alguna escaramuza en la personalización? Otra cuestión es hasta qué punto se ha planteado lanzarse hacia una personalización masiva. La orientación al cliente, la optimización de los recursos y la creatividad serán los pilares sobre los que sustentar el incremento de posibilidades de personalización. Este posicionamiento debe redefinir su segmento ampliando de modo considerable sus límites. Una reducción transitoria de los márgenes comerciales puede ayudar al mantenimiento de los precios, incluso a reducirlos, a la vez que a incrementar la entrada a nuevos consumidores.

— Si se posee un producto o servicio cuya principal ventaja competitiva es ofertar exclusividad, en el momento de ampliar su mercado penetrando en otros segmentos se tendrá que ser muy prudente para no perjudicar su imagen, reputación y prestigio en su segmento clave. No se puede correr el riesgo de debilitar sus puntos fuertes. Por tanto, lo aconsejable sería crear una nueva marca o línea de negocio con la que se pudiesen, por un lado, aprovechar los puntos fuertes de su experiencia y, por otro, las oportunidades que ofrece la personalización masiva. Se puede procurar fortalecer el lanzamiento resaltando los vínculos entre ambas marcas y cuidando de no perjudicar la marca comercial original. Aquí, los grupos empresariales que operan con varias marcas gozan de considerable ventaja.

Considerando la definición de personalización masiva propuesta por Hart, desde un punto de vista práctico: «la capacidad de producir productos o prestar servicios modificables y frecuentemente personalizados de manera individual al bajo coste de uno estandarizado», y teniendo en cuenta que distintos estudios indican que hemos de movernos en incrementos máximos de precio de alrededor de un 15 %, alcanzar el nivel III significaría haber logrado un «precio estándar técnico» y, por tanto, poder afirmar que se ha logrado el objetivo.

- **Nivel de personalización masiva IV**
  Este nivel de consecución en la implantación de la estrategia de la personalización masiva significaría haber alcanzado el objetivo ideal. Siendo realistas, creemos que está reservado a algunos privilegiados. Sólo para quienes dispongan de:

  – Un servicio tan versátil que permita cualquier forma y nivel de personalización.
  – Unos colaboradores con las competencias clave en personalización masiva.
  – Tecnologías de la información que permitan gestionar de manera eficiente la voz y las vivencias del cliente (CRM). La captación de información y la actualización de la misma debe llevarse a cabo sin que suponga una dedicación de tiempo significativa por parte del cliente. Nunca se debe subestimar la percepción que éste tiene sobre su propio tiempo. Su tiempo es valiosísimo y no le gustará perderlo en interés nuestro.
  – Medios y recursos suficientes para cumplir la promesa formulada.

Hemos visto que la prestación masiva de un servicio personalizado exige efectuar grandes esfuerzos para lograr reducir su coste a unos niveles que posibiliten una demanda a gran escala. No obstante, si no logramos esa reducción significativa de costes y no podemos ofrecer un servicio masivamente personalizado, no debemos sentirnos frustrados ni tirar la toalla, siempre podremos ofrecer una oferta seudo-masivamente diferenciada. Lo importante es seguir en el mercado y ofertar el nivel de personalización que nuestra empresa está en disposición de suministrar.

Comparado con el sector industrial, el sector de los servicios, cuenta generalmente con algunas ventajas respecto a los productos industriales. Entre éstas se halla el menor impacto de los costes logísticos y no tener que luchar con el *handicap* de los plazos de entrega, ya que, salvo excepciones, la elaboración y el consumo de un servicio son simultáneos o prácticamente simultáneos.

6.4 ¿Cómo iniciar la personalización masiva de un servicio?

Cuando se piensa en la personalización de un vehículo, no se centra la atención en su función básica de transportar personas o bienes de un lugar a otro, sino en personalizar todo aquello que rodea la *experiencia vital* de poseer algo que permite que una persona se desplace de un lugar a otro llevando con ella sus pertenencias. Es decir, se focaliza la atención en aquello que puede ayudar a consolidar el concepto que las personas tienen de sí mismas, en lo que permita reafirmar su presencia ante los demás, facilitando que sean percibidas como únicas, diferenciadas y hasta importantes. Encontramos la máxima expresión en el sector del automóvil en un fenómeno social conocido por la palabra inglesa *tunning*.

El *tunning* es probablemente el ejemplo más claro de que nuestro grado de satisfacción con una experiencia vital se ve intensificada de forma positiva si:

— la apariencia externa del vehículo (diseño y color) y las prestaciones técnicas reflejan la personalidad de quien lo conduce,
— los complementos reafirman su manera de vivir,
— dispone de los accesorios y complementos que el conductor considera necesarios,
— está adaptado ergonómicamente, etc.

Adquieren mucho más valor los aspectos complementarios, aquellos que tienen más relación con la forma del producto que su función o utilidad principal.

La aplicación de la estrategia de la personalización masiva en el sector de los servicios ha de seguir unos patrones similares a la de los productos industriales, sin olvidar que se trabaja con un conjunto de prestaciones intangibles que comprenden el servicio básico y el asociado o los complementarios. Recordemos que el núcleo del servicio equivaldría a la utilidad y funcionalidad de un producto industrial.

Cuando se trata de implantar la personalización masiva en el sector de los servicios, se debe empezar por diferenciar claramente ese servicio básico, es decir, su razón de ser, y los servicios asociados o conjunto de experiencias que lo rodean. Si, por ejemplo, se elige un hotel y se analiza la prestación de sus servicios, encontraremos que:

• Su **servicio básico** sería proporcionar un lugar donde hospedarse, es decir, donde poder dormir y comer.

• Sus **servicios asociados** serían todas aquellas prestaciones puestas a disposición del huésped y que pueden ser proporcionadas por cualquiera de los profesionales que en él trabajan. Entre éstas se incluirían:

— La atención telefónica.

- La accesibilidad y comprensibilidad de su sitio en internet.
- La acogida al llegar al territorio del hotel.
- La atención e información recibida en recepción.
- Las condiciones de las salas de espera.
- Los servicios de restauración.
- Las condiciones generales de las instalaciones.
- La accesibilidad y respuesta del servicio de habitaciones.
- Los medios y equipos puestos a disposición del cliente.
- Las diferentes alternativas de ocio disponibles.

Así pues, la reserva de una habitación de hotel puede consistir en:

- contratar una cama y una ducha, o
- contratar, además, la posibilidad de disponer de minibar, TV con canales internacionales, conexión a internet, hilo musical, restaurante con menú y a la carta, alquiler de vehículos, cambio de moneda, contratación de visitas turísticas, y algunas posibilidades más.

Pero imagínense por un momento que:

- El relaciones públicas del hotel, además de dar la bienvenida a los huéspedes, les presentase una agenda de sugerencias sobre espectáculos, actos culturales y gastronomía adecuada a sus preferencias.
- Las flores de la habitación son las preferidas por el cliente.
- En el minibar se encontraran los licores, aperitivos y refrescos de sus marcas favoritas.
- Se pudiera regular la dureza de colchón, o incluso que ésta se regulara de forma automática al acostarse.
- El mobiliario fuera regulable ergonómicamente.
- Los cuadros que decoran las paredes de la habitación sean de su estilo preferido.
- El sonido del teléfono, cuando suena para despertar, se incremente progresivamente para ajustarse al umbral perceptivo de los huéspedes sin provocar sobresaltos.

Imagínense cuántas cosas nos harían sentir felices, tranquilos, relajados, despreocupados, y arropados en un hotel de estas características, incluso mejor que en nuestra propia casa.

Sin duda, para iniciar un proceso de personalización masiva de un servicio, se ha de llevar a cabo un análisis estratégico y concluir que la personalización masiva es una oportunidad de negocio. De lo contrario, se estaría cometiendo un grave error. Sería un intento de suicidio comercial comparable al lanzamiento de un nuevo producto al mercado teniendo todavía los almacenes llenos de la versión anterior. Los criterios válidos para llegar a esta conclusión serían, en esencia, los mismos que propuso Hart en 1995 para los productos industriales. Criterios que se pueden consultar más ampliamente en el capítulo 4, apartado 4.1. A continuación los recordamos brevemente:

1. *Sensibilidad del cliente.* ¿Se percibe en el mercado una preocupación de los clientes por una oferta personalizada? Si la respuesta es claramente «no», el potencial de personalización masiva en nuestro servicio es limitado.

2. *Influenciabilidad del proceso.* En este apartado debemos despejar tres incógnitas:

   a) ¿Permite la tecnología personalizar el servicio para clientes individuales? Si la respuesta es «sí», la siguiente cuestión que despejar es si requerirá inversiones adicionales.

   b) ¿Dispone el departamento de marketing de acceso detallado a las necesidades y los deseos de los clientes? ¿Dispone de capacidad para procesar y analizar adecuadamente esa información?

   c) ¿Es capaz el departamento creativo de trasladar las necesidades y los deseos del cliente en especificaciones individualizables durante la prestación del servicio?

3. *Entorno competitivo.* ¿Existen factores competitivos que aconsejen o desaconsejen la implantación de la personalización masiva en la línea de negocio?

4. *Disposición organizacional.* ¿La compañía está preparada y será capaz de capitalizar esta oportunidad?

Si la respuesta a estas preguntas es «sí», debe analizarse qué hacen los competidores y comprobar si alguno de ellos ha iniciado procesos de personalización.

Si la respuesta es «no», deben gestionarse los servicios dirigiendo los esfuerzos y recursos a mejorar su calidad. Si se pone a disposición de los clientes servicios que les sorprendan, ofreciéndoles más de lo que esperan, el éxito continuará estando garantizado.

6.5 El proceso de personalización masiva de un servicio

6.5.1 *Consideraciones iniciales*

Si alguien se ha planteado la necesidad de iniciar un proceso de personalización masiva del servicio es porque la respuesta a la fase anterior concluyó con un «sí». Sin embargo, antes de seguir adelante, sugerimos responder, como mínimo, tres preguntas más:

- ¿Se posee la capacidad de liderazgo necesaria para conducir este proyecto?
- ¿La organización cuenta con unos mandos intermedios comprometidos e identificados con las políticas de la empresa?
- ¿Se dispone de colaboradores implicados y motivados?

La respuesta a estas preguntas es muy reveladora. La inmensa mayoría de nuevos proyectos que han fracasado en su implantación lo han hecho por falta de liderazgo en la dirección, por escaso compromiso de los mandos y, como consecuencia, por una escasa motivación e implicación de los colaboradores.

Brian White apunta, en su artículo «Mobile operators not customizing services to young people consumers?», publicado en internet el 9 de julio 2006, que «la personalización ya es un hecho en muchas líneas de negocio, pero que su implantación puede ser más compleja para los servicios». En su opinión, ello se debe a que «el personal que presta los servicios constituye el núcleo del servicio prestado y dicho personal es responsable de la personalización». Su *formación, actitud* y *conducta* son, por tanto, críticas.

Será necesario poner en marcha dos procesos paralelos:

- El que permita diseñar, elaborar y prestar un servicio masivamente personalizado.
- El de capacitación profesional para todos los colaboradores. El plan de formación se debe diseñar para que estén habilitados, como mínimo, frente a las exigencias de empatía, flexibilidad, asertividad, toma de decisiones, trabajo en equipo y capacidad de respuesta rápida que requiere desarrollar una actividad profesional tan exigente como la personalización masiva. El sistema de gestión logística «justo a tiempo» ha sido en el mundo industrial un anticipo de estos nuevos niveles de exigencia, y las respuestas tecnológicas y de capacitación profesional han sido las armas para hacerle frente.

La respuesta al diseño y a la elaboración del plan de formación se halla en el capítulo 8, aquí nos centraremos en el proceso de diseño de un servicio masivamente personalizado.

<table>
<tr><td colspan="3" align="center">SERVICIO
1. Definir el servicio.
2. Elaborar el mapa de procesos de la prestación del servicio.
3. Evaluar el servicio desde el punto de vista del cliente.
4. Establecer la promesa al cliente.</td></tr>
</table>

SERVICIO BÁSICO Definir el servicio básico	**SERVICIO ASOCIADO 1** Definir el servicio asociado 1	**SERVICIO ASOCIADO 2 ...n** Definir el servicio asociado 2 ...n.
1. Elaborar el diagrama del proceso de prestación del servicio básico. 2. Evaluar el servicio básico desde el punto de vista del cliente. 3. Determinar los elementos que configuran la prestación del servicio básico en cada una de sus etapas. 4. Evaluar la posibilidad de personalización de cada etapa y crear alternativas de elección para cada una de las etapas personalizables. 5. Establecer un número razonable de alternativas en función de su impacto en el precio final. 6. Modular el servicio (agrupar las alternativas en módulos o unidades de prestación). Elaborar el diagrama del proceso de prestación del servicio asociado.	1. Elaborar el diagrama del proceso de prestación del servicio asociado. 2. Evaluar el servicio asociado desde el punto de vista del cliente. 3. Determinar los elementos que configuran la prestación del servicio asociado en cada una de sus etapas. 4. Evaluar la posibilidad de personalización de cada etapa y crear alternativas de elección para cada una de las etapas personalizables. 5. Establecer un número razonable de alternativas en función de su impacto en el precio final. 6. Modular el servicio (agrupar las alternativas en módulos o unidades de prestación).	1. Elaborar el diagrama del proceso de prestación del servicio asociado 2 ...n. 2. Evaluar el servicio asociado 2 ...n desde el punto de vista del cliente. 3. Determinar los elementos que configuran la prestación del servicio asociado 2 ...n en cada una de sus etapas. 4. Evaluar la posibilidad de personalización de cada etapa y crear alternativas de elección para cada una de las etapas personalizables. 5. Establecer un número razonable de alternativas en función de su impacto en el precio final. 6. Modular el servicio (agrupar las alternativas en módulos o unidades de prestación).
7. Elaborar el procedimiento que hay que seguir para la personalización masiva del servicio.		

<table>
<tr><td align="center">Capacitar profesionalmente a los colaboradores para dar una respuesta masivamente personalizada.</td></tr>
</table>

6.5.2 *Fases del proceso de personalización masiva de un servicio*

Fase 1. Definición del servicio

La definición del servicio ha de posibilitar que todos los grupos de interés puedan hacerse una idea lo más clara posible sobre:

- La finalidad del servicio.
- Qué se puede esperar como resultado final de la prestación del mismo.
- Su valor añadido real.

Se habrá logrado el propósito cuando se haya elaborado una definición capaz de recoger y transmitir la esencia y auténtica razón de ser del servicio.

Debe considerarse que sería incompatible tratar de gestionar un servicio masivamente personalizado actuando a partir de un concepto de empresa departamentalizada. Por ello, una vez definido el servicio es preciso elaborar el mapa de procesos. Este mapa nos permitirá visualizar las distintas etapas del proceso principal y las de los procesos de apoyo. Además, facilitará y guiará el desarrollo de las fases más creativas (generación de alternativas, modulación, etc.). Para lograr la máxima eficiencia, el nuevo paradigma requiere una «gestión por procesos».

El mapa de procesos será de gran ayuda al efectuar la evaluación del servicio desde el punto de vista del cliente. En este caso, del mayor número posible de clientes. Él es el único con criterio para juzgar un servicio, para decidir lo que añade valor y lo que no. Si está dispuesto a pagar por esa característica (por ejemplo, mobiliario ergonómicamente regulable), tendrá valor añadido, si no está dispuesto a pagar por ella, no discutamos, eliminémosla. De lo contrario, sólo conseguiremos incrementar costes. Cuanto más nos empecinemos en crear «nuestro servicio», el servicio que nosotros creemos ideal, más nos alejaremos de dotar a ese servicio de un valor añadido real. Un servicio masivamente personalizado debe poder ser ofrecido y prestado con varios niveles de valor añadido, tantos como sea posible.

Lograr un coste objetivo es un factor clave y el análisis del proceso de aportación de valor añadido, desde el punto de vista del cliente, en cada una de las etapas y procesos asociados, es una técnica no sólo recomendada, sino que su aplicación resulta de vital trascendencia.

Llegados a este punto del proceso debemos ser capaces de concretar todo el trabajo efectuado elevando el espíritu, la esencia y la razón de ser del servicio a promesa o eslogan. A una expresión que el mayor número posible de clientes potenciales pueda percibir e interpretar como un compromiso dirigido a él, porque refleja sus necesidades, deseos o incluso sueños.

Muchas veces, tras llevar a cabo este esfuerzo de concreción y análisis, uno descubre las implicaciones reales del proyecto, sus posibilidades y dificultades, y con ello la necesidad de replantear la definición del servicio propuesta inicialmente. Si así fuese, no hay que lamentarse, sino más bien felicitarse, principalmente porque significará que se ha alcanzado un conocimiento más profundo y compartido del servicio por parte de todos los responsables. Si se ha conseguido materializar correctamente esta primera fase en el diseño de un servicio masivamente personalizado, todos los que participan en este proceso tendrán mucho más clara la finalidad, el alcance, los elementos clave y los objetivos del servicio.

Fase 2. Definición y personalización del servicio básico y los servicios asociados

Esta fase comparte algunos pasos con la fase anterior. La diferencia es que aquí primero debemos centrarnos, específicamente, en lo que podríamos llamar el «producto» del servicio (servicio básico) y, posteriormente, en cada servicio asociado.

La conclusión de la fase 1, además de los resultados comentados, supone para el equipo del proyecto una fuente de aprendizaje sobre el propio proceso de personalización. La realización de esta segunda fase se beneficiará de este proceso en varios sentidos. Por un lado, en la dinámica del trabajo en equipo, que será mucho más ágil y creativa, y por el otro, simplificando los procesos de análisis y la toma de decisiones que haya que llevar a cabo.

La elaboración del diagrama de proceso y la evaluación del servicio básico, desde el punto de vista del cliente, se efectuarán siguiendo los criterios empleados en la fase 1.

Hay que ser consciente de que el servicio básico suele ser, de entre todos los que configuran la prestación, el que tiene menos posibilidades de ser personalizado. Es más, existen servicios cuyo núcleo básico puede no ser personalizable en una interacción cliente-proveedor, como por ejemplo, alguna intervención quirúrgica. En ella el cliente-paciente no puede escoger los equipos, los materiales, la técnica que se ha de seguir, etc. O también un proceso legal. El demandante no puede escoger qué ley se aplicará ni el veredicto final. Sin embargo, existen muchos servicios cuyo servicio básico sí es susceptible de ser personalizado.

La *determinación de los elementos que configuran la prestación del servicio básico* supone enfrentarse a aquellos elementos susceptibles de ser personalizados. Se trata de captar lo que consciente o inconscientemente el cliente espera obtener y qué recursos deberán ponerse a su disposición para que obtenga la satisfacción emocional de sus deseos. Más aún, que esta sensación perdure después de haber «disfrutado del servicio». Si el cliente busca:

– Tranquilidad y despreocupación.
– Información.

– Solución a un problema concreto.
– Sensación de bienestar y confort.
– Sensaciones extremas.

Deberá responderse a preguntas como las siguientes:

– ¿Cómo y qué será necesario para que obtenga tranquilidad y se olvide de cualquier preocupación?
– ¿Qué recursos se pondrán a su disposición y a la de los colaboradores para que obtenga la información requerida?
– ¿Qué alternativas se pondrán a su alcance para solucionar su problema?
– ¿Qué le proporcionará confort?
– ¿Cómo se generan sensaciones extremas?

El listado de los elementos que intervienen directamente en la prestación del servicio servirá para *evaluar las posibilidades de personalización*. Por ejemplo:

– ¿Se puede personalizar el descanso?
– ¿Es posible personalizar la operación quirúrgica?
– ¿Es posible personalizar el seguro?
– ¿Es posible personalizar una paella?

La respuesta fácil es «sí», ya que prácticamente todo es personalizable. Sin embargo, no hablamos de personalización desde el punto de vista de un posicionamiento de exclusividad, sino desde uno de personalización masiva. Por tanto, la respuesta ha de estar condicionada por una reflexión en este sentido. Se han de presentar y estudiar posibles alternativas, sin perder la referencia de que deben ser planteadas y analizadas desde la vertiente más práctica posible. De esta manera, será más viable establecer el número razonable de alternativas que los medios y recursos permitirán ofrecer a cada cliente.

Para finalizar completamente esta segunda fase, queda por llevar a cabo un último esfuerzo a fin de disminuir los costes de prestación y, con ellos, el precio final. Se trata de agrupar los componentes o las características que configuran el servicio en unidades de prestación. Es decir, hay que esforzarse por *modular el servicio*. Así, la personalización ofrecida permitirá efectuar combinaciones entre las unidades o los módulos de prestación.

En una primera fase de implantación de un servicio masivamente personalizado, siempre será más fácil y económico ofrecer la combinación de módulos que la combinación de todas las características personalizables. Una vez consolidada la personalización masiva basada en módulos o unidades de prestación, se estará en disposición de llevar a cabo un salto adelante y ampliar mercado a través de un nivel superior de personalización que ofrezca una combinatoria de alternativas mayor.

Fase 3: Elaboración del procedimiento de personalización masiva

Aunque parezca una contradicción, consideramos imprescindible llevar a cabo una descripción del procedimiento que ha de permitir a los colaboradores sistematizar el proceso de personalización. De tal manera que la organización pueda garantizar y asegurar el cumplimiento de la promesa de servicio hecha al cliente.

Se debe explicitar el objeto de dicho procedimiento y dejar muy claro el verdadero alcance y nivel de personalización que se ofrece. Colaboradores y cliente deben ser conscientes de lo ofertado y lo contratado. No se debe cometer el error de algunas campañas de *marketing* que prometen cosas que después no pueden cumplir. El cliente debe llegar a sorprenderse por haber obtenido más de lo que esperaba y no por la desagradable sensación de haber sido defraudado o incluso engañado.

Si algún concepto puede dar lugar a diferentes interpretaciones, por ejemplo «asertividad», «módulo», «empatía», etc., se deberá elaborar una definición desde el punto de vista de lo que la empresa entiende por cada uno de ellos. De esta manera, se estandarizará su interpretación.

Es muy importante recoger en el procedimiento *las responsabilidades* de todas las funciones o áreas implicadas. Estas responsabilidades no deben ser personalizadas, pero sí asumidas por los responsables que en ese momento desempeñen dichas funciones.

Del mismo modo que las responsabilidades no pueden dejar lugar a dudas respecto a quién se debe recurrir en caso de necesidad, *los recursos* asignados deben ser relacionados en el procedimiento. Esta asignación de recursos determinará el verdadero compromiso de la dirección y los límites del servicio.

Finalmente, hay que llevar a cabo una exhaustiva *descripción del proceso.* Es decir, concretar y detallar de la forma más precisa posible, qué debe hacerse, por quién, cuándo, con qué recursos y cuáles serán los resultados. Un diagrama que simplifique la representación del proceso facilitará su interpretación y resolverá las posibles dudas.

Fase 4: Capacitación profesional de los colaboradores

La fase de capacitación profesional, si bien se le ha denominado fase 4 por una cuestión de orden, puede y debería iniciarse simultáneamente a las fases 2 y 3, al menos en sus objetivos formativos más generales. Lógicamente, la capacitación debe concluir una vez consolidadas las fases 1, 2 y 3, ya que los aspectos más específicos se desprenderán de las decisiones tomadas durante las mismas.

El *plan de formación* debe reflejar con claridad los objetivos generales y específicos, así como los contenidos más necesarios para cada colectivo implicado.

Capítulo 7

Los nuevos perfiles profesionales requeridos

7.1 Proyecto de investigación: *Mass Customization Experts*

7.1.1 Introducción

La preocupación de la Unión Europea por ofrecer a las empresas una mayor información sobre este nuevo reto y algunas herramientas para enfrentarse a él, se concretó en la financiación de un proyecto de investigación denominado «*Mass Customization Experts*», por medio de su programa Leonardo da Vinci.

Para elaborar esta investigación y generalizar sus resultados en el ámbito de la UE se trabajó simultáneamente en cinco países con la intervención de las siguientes entidades:

– CIEF, Consulting Integral en Formación (España).
– Fundazione Giacomo Rumor. Centro Produttività Veneto (Italia).
– Provincia di Vicenza (Admministrazione Provinciale di Vicenza). Settore Formazione Lavoro Immigrazione (Italia).
– RKW Rationalisierung und Innovationszentrum (Alemania).
– The Nottingham University (Reino Unido).
– Unioncamere Veneto (Italia).
– UP ZRS University and Science Research Centre of Koper (Eslovenia).

Una vez constituido el equipo de investigación, éste inició su trabajo centrando sus actividades en tres objetivos principales:

• Identificar el perfil profesional y las competencias clave de los expertos en personalización con habilidades para el desarrollo de una estrategia de personalización masiva.

• Validar los perfiles profesionales de los expertos en personalización masiva en función del área de responsabilidad.

• Evaluar las necesidades de formación requeridas por los distintos perfiles profesionales.

7.1.2 Resultados: roles afectados por la personalización masiva

Las primeras fases de la investigación se centraron en la exploración e identificación de las áreas funcionales más afectadas por la personalización, y se continuó con la discriminación de los principales roles implicados.

En el fondo, se trataba de discernir y tener claro sobre qué roles había que actuar.

Los resultados de la investigación evidenciaron que ocho roles funcionales dentro de las organizaciones se veían altamente relacionados con la implantación, el desarrollo y el éxito de una estrategia de personalización masiva. Éstos eran:

- Director de marketing.
- Técnico de marketing.
- Director técnico (I+D+I).
- Técnico de desarrollo (I+D+I).
- Director de producción.
- Técnico de producción.
- Director de logística.
- Técnico de logística.

Fases posteriores permitieron establecer los perfiles de competencias profesionales asociados a los requerimientos de cada uno de estos roles, tanto a su función específica como a su nuevo entorno.

Se trabajó intensamente en definir los procesos de capacitación requeridos para dotarlos de la cualificación profesional específica y necesaria para garantizar la implantación de la personalización masiva, independientemente del sector de actividad.

7.1.3 Perfil profesional de expertos en personalización masiva

Al establecer y definir las distintas competencias afectadas, fue necesario llegar a acuerdos sobre una serie de conceptos relacionados con cualificación y competencia.

Así, el equipo de investigación, basándose en la idea de competencia propuesta por Tett *et al* (2000), conceptualización que es coherente con los trabajos de referencia del Centro Europeo para el Desarrollo de la Formación Profesional (centro de referencia de la Unión Europea para la educación y la formación profesional), definió el concepto de *competencia individual* como:

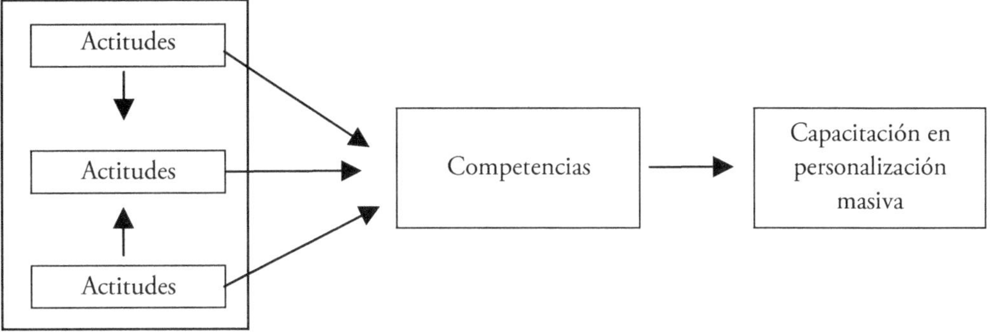

Figura 7.1. Marco de trabajo de la investigación.

«una serie de características personales que determinan la capacidad individual para llevar a cabo con éxito una tarea dada en un ambiente de trabajo concreto».

A partir de aquí, y considerando que todas las competencias se pueden contemplar como formadas por tres grupos amplios de características individuales: habilidades, conocimientos y actitudes, se pasó a definir de manera particular cada grupo de competencias.

* La *habilidad* fue definida como «la capacidad de llevar a cabo una tarea física o mental».

  Las habilidades describen algo específico y detallado y se enfocan hacia una tarea específica. En cuanto a lo que las constituye, las habilidades pueden ser entendidas como derivadas de un conjunto de actitudes y conocimientos. Por ejemplo, se puede pensar que la habilidad de planear es el resultado del conocimiento de los principios de la planificación y una actitud hacia el orden, la calidad y el rigor. En consecuencia, las *habilidades* se pueden *desarrollar*, principalmente por la adquisición de *conocimientos* específicos y, si es posible, por el impulso o corrección de ciertas *actitudes*.

* El *conocimiento* fue definido como «lo que un individuo debe saber haciéndolo suyo, interiorizándolo, para llevar a cabo una tarea».

* Finalmente, se definió la *actitud* como «una tendencia del individuo a actuar de manera consistente hacia un objeto o situación concretos».

Las actitudes, por tanto, se refieren a las características de comportamiento de un individuo: cómo actúa, piensa y siente una persona.

Establecidas las competencias de cada perfil profesional, éstas fueron validadas mediante la consulta y participación de más de 250 empresas de diferentes sectores, localizadas en los cinco países participantes en la investigación: Alemania, Eslovenia, España, Italia y Reino Unido.

Los ocho perfiles profesionales resultantes se detallan en las páginas siguientes.

PERFIL
DIRECTOR DE MARKETING EN PERSONALIZACIÓN MASIVA

Aptitudes personales

1. Predisposición a la negociación: solucionar conflictos y mediar, identificando ventajas y desventajas de las partes.
2. Comprensión de las personas; atención a los demás y a sus necesidades.
3. Predisposición al trabajo en equipo; abierto a la cooperación con otros.
4. Motivado por objetivos y comprometido en las actividades de la empresa.
5. Visión amplia de cada situación y problema, sin dejar nunca de aprender.
6. Flexibilidad para cambiar sin esfuerzo aparente de una situación a otra y adaptarse rápidamente a nuevas situaciones.

Conocimientos personales

1. Comprensión de los límites y del potencial de la empresa.
2. Conocimiento de los procesos de interacción empresa-cliente.
3. Conocimiento de las prestaciones del producto: conocer sus contextos y sus posibles relaciones e implicaciones con el producto.
4. Conocimiento del producto desde el punto de vista técnico.
5. Conocimiento del mercado y el negocio.

Habilidades/destrezas personales

1. Habilidad para actuar según las necesidades, los indicios y las tendencias provenientes del mercado y del cliente.
2. Habilidad para actuar, evaluando el coste y las implicaciones financieras de cada decisión.
3. Habilidad para entender y evaluar el contenido de una oferta.
4. Habilidad para explicar con claridad el producto y su valor al cliente.
5. Habilidad para utilizar cada interacción con el cliente y para entender la evolución de sus necesidades.
6. Habilidad para entender rápida y correctamente la situación empresarial/económica y las necesidades del cliente individual.
7. Habilidad para identificar y usar toda la información disponible antes de iniciar una actuación.
8. Habilidad para evitar vender al cliente algo que no necesita (o que no soluciona sus necesidades).
9. Habilidad para dar respuestas rápidas y efectivas a clientes y colegas.
10. Habilidad para manejar la duda en las demandas de clientes o en la conducta de los proveedores.
11. Capacidad de obtener colaboración de los colegas para abordar las demandas de los clientes de manera rápida y fiable.
12. Estar orientado al cliente: ser capaz de pensar como el cliente, comprometerse a entender sus necesidades específicas y responder de manera fiable.
13. Habilidad para planificar, coordinar y organizar.

(Continúa en la página siguiente.)

(Viene de la página anterior.)

Competencias técnicas

1. Ayudar al cliente a identificar las soluciones que satisfacen mejor sus necesidades dentro de los límites que la empresa puede ofrecer y considera rentable.
2. Traducir y transferir información técnica de forma que se entienda fácilmente para el cliente y los comerciales.
3. Explicar cómo las soluciones propuestas contribuyen a resolver los problemas del cliente.
4. Elaborar ofertas con rapidez y sin errores.

PERFIL
TÉCNICO DE MARKETING EN PERSONALIZACIÓN MASIVA

Aptitudes personales

1. Comprensión de las personas; atención a los demás y a sus necesidades.
2. Predisposición al trabajo en equipo; abierto a la cooperación con otros.
3. Motivado por objetivos y comprometido en las actividades de la empresa.
4. Tener confianza en sí mismo, hasta en circunstancias de reto.
5. Creatividad: tendente a reelaborar ideas preexistentes, a idear nuevas soluciones y a generar ideas innovadoras.
6. Visión amplia de cada situación y problema, sin dejar nunca de aprender.
7. Flexibilidad para cambiar sin esfuerzo aparente de una situación a otra y adaptarse rápidamente a nuevas situaciones.

Conocimientos personales

1. Comprensión de los límites y del potencial de la empresa.
2. Conocimiento de los procesos de interacción empresa-cliente.
3. Conocimiento de las prestaciones del producto: sus contextos y sus posibles relaciones e implicaciones con el producto.

Habilidades/destrezas personales

1. Habilidad para utilizar los recursos disponibles de manera flexible.
2. Habilidad para actuar según las necesidades, los indicios y las tendencias provenientes del mercado y del cliente.
3. Habilidad para explicar con claridad el producto y su valor al cliente.
4. Habilidad para utilizar cada interacción con el cliente y para entender la evolución de sus necesidades.
5. Habilidad para entender rápida y correctamente la situación empresarial/económica y las necesidades del cliente individual.
6. Habilidad para identificar y usar toda la información disponible antes de iniciar una actuación.
7. Habilidad para dar respuestas rápidas y efectivas a clientes y colegas.
8. Capacidad para obtener colaboración de los colegas y para abordar las demandas de los clientes de manera rápida y fiable.
9. Estar orientado al cliente: ser capaz de pensar como el cliente, comprometerse a entender sus necesidades específicas y responder de manera fiable.
10. Habilidad para planificar, coordinar y organizar.

Competencias técnicas

1. Ayudar al cliente a identificar las soluciones que satisfacen mejor sus necesidades dentro de los límites que la empresa puede ofrecer y considera rentable.
2. Elaborar ofertas con rapidez y sin errores.
3. Identificar las soluciones que mantengan la personalización al mínimo, mientras cumplen los requerimientos específicos del cliente.

PERFIL
DIRECTOR DE PRODUCCIÓN EN PERSONALIZACIÓN MASIVA

Aptitudes personales

1. Predisposición a la negociación: solucionar conflictos y mediar, identificando ventajas y desventajas de las partes.
2. Comprensión de las personas; atención a los demás y a sus necesidades.
3. Predisposición al trabajo en equipo; abierto a la cooperación con otros.
4. Motivado por objetivos y comprometido en las actividades de la empresa.
5. Tener confianza en sí mismo, hasta en circunstancias de reto.
6. Creatividad: tendente a reelaborar ideas preexistentes, a idear nuevas soluciones y a generar ideas innovadoras.
7. Visión amplia de cada situación y problema, sin dejar nunca de aprender.
8. Flexibilidad para cambiar sin esfuerzo aparente de una situación a otra y adaptarse rápidamente a nuevas situaciones.
9. Habilidad para el análisis sistemático y analítico: ser capaz de detectar similitudes no obvias, abstraerlas y encuadrar diferentes aspectos de la tarea en un esquema sistemático.

Conocimientos personales

1. Comprensión de los límites y del potencial de la empresa.
2. Conocimiento de las prestaciones del producto: sus contextos y sus posibles relaciones e implicaciones con el producto.
3. Conocimiento del producto desde el punto de vista técnico.
4. Conocimiento de los procesos de producción.

Habilidades/destrezas personales

1. Habilidad para utilizar los recursos disponibles de manera flexible.
2. Habilidad para actuar, considerando las múltiples implicaciones técnicas y de producción de cada decisión.
3. Habilidad para actuar, evaluando el coste y las implicaciones financieras de cada decisión.
4. Habilidad para actuar, haciendo el seguimiento continuo de las actividades del proceso para cumplir con la calidad y los tiempos de entrega convenidos.
5. Habilidad para prever los problemas técnicos relacionados con cada elección o decisión.
6. Habilidad para utilizar cada interacción con el cliente a fin de entender la evolución de sus necesidades.
7. Habilidad para identificar y usar toda la información disponible antes de iniciar una actuación.
8. Habilidad para dar respuestas rápidas y efectivas a clientes y colegas.
9. Capacidad de obtener colaboración de los colegas para abordar las demandas de los clientes de manera rápida y fiable.

(Continúa en la página siguiente.)

(Viene de la página anterior.)

10. Estar orientado al cliente: ser capaz de pensar como el cliente, comprometerse a entender sus necesidades específicas y responder de manera fiable.
11. Habilidad para planificar, coordinar y organizar.

Competencias técnicas

1. Ayudar al cliente a identificar las soluciones que satisfacen mejor sus necesidades dentro de los límites que la empresa puede ofrecer y considera rentable.
2. Calcular el coste total de un componente, una familia de componentes, un producto o una familia de productos.
3. Reconocer y explotar similitudes potenciales entre piezas, módulos y procesos.
4. Planificar un sistema de producción que pueda producir eficientemente diferentes productos con el mismo proceso.

PERFIL

TÉCNICO DE PRODUCCIÓN EN PERSONALIZACIÓN MASIVA

Aptitudes personales

1. Predisposición al trabajo en equipo; abierto a la cooperación con otros.
2. Motivado por objetivos y comprometido en las actividades de la empresa.
3. Tener confianza en sí mismo, hasta en circunstancias de reto.
4. Visión amplia de cada situación y problema, sin dejar nunca de aprender.
5. Flexibilidad para cambiar sin esfuerzo aparente de una situación a otra y adaptarse rápidamente a nuevas situaciones.

Conocimientos personales

1. Conocimiento del producto desde el punto de vista técnico.
2. Conocimiento de los procesos de producción.

Habilidades/destrezas personales

1. Habilidad para actuar, haciendo el seguimiento continuo de las actividades del proceso para cumplir con la calidad y los tiempos de entrega convenidos.
2. Habilidad para preparar máquinas rápidamente y reducir los tiempos de preparación.

Competencias técnicas

Ninguna.

PERFIL
DIRECTOR TÉCNICO EN PERSONALIZACIÓN MASIVA

Aptitudes personales

1. Comprensión de las personas: atención a los demás y a sus necesidades.
2. Predisposición al trabajo en equipo; abierto a la cooperación con otros.
3. Motivado por objetivos y comprometido en las actividades de la empresa.
4. Tener confianza en sí mismo, hasta en circunstancias de reto.
5. Creatividad: tendente a reelaborar ideas preexistentes, a idear nuevas soluciones y a generar ideas innovadoras.
6. Visión amplia de cada situación y problema, sin dejar nunca de aprender.
7. Flexibilidad para cambiar sin esfuerzo aparente de una situación a otra y adaptarse rápidamente a nuevas situaciones.

Conocimientos personales

1. Comprensión de los límites y del potencial de la empresa.
2. Conocimiento de las prestaciones del producto: sus contextos y sus posibles relaciones e implicaciones con el producto.
3. Conocimiento del producto desde el punto de vista técnico.

Habilidades/destrezas personales

1. Habilidad para actuar, evaluando el coste y las implicaciones financieras de cada decisión.
2. Habilidad para actuar, haciendo el seguimiento continuo de las actividades del proceso para cumplir con la calidad y los tiempos de entrega convenidos.
3. Habilidad para prever los problemas técnicos relacionados con cada elección o decisión.
4. Habilidad para entender y evaluar el contenido de una oferta.
5. Habilidad para ofrecer apoyo técnico al cliente y los colaboradores.
6. Habilidad para identificar y usar toda la información disponible antes de iniciar una actuación.
7. Habilidad para dar respuestas rápidas y efectivas a clientes y colegas.
8. Capacidad de obtener colaboración de los colegas para abordar las demandas de los clientes de manera rápida y fiable.
9. Estar orientado al cliente: ser capaz de pensar como el cliente, comprometerse a entender sus necesidades específicas y responder de manera fiable.
10. Habilidad para planificar, coordinar y organizar.

Competencias técnicas

1. Ayudar al cliente a identificar las soluciones que satisfacen mejor sus necesidades dentro de los límites que la empresa puede ofrecer y considera rentable.
2. Calcular el coste total de un componente, una familia de componentes, un producto o una familia de productos.

PERFIL
Técnico de desarrollo en personalización masiva

Aptitudes personales

1. Predisposición al trabajo en equipo; abierto a la cooperación con otros.
2. Tener confianza en sí mismo, hasta en circunstancias de reto.
3. Creatividad: tendente a reelaborar ideas preexistentes, a idear nuevas soluciones y a generar ideas innovadoras.
4. Visión amplia de cada situación y problema, sin dejar nunca de aprender.
5. Flexibilidad para cambiar sin esfuerzo aparente de una situación a otra y adaptarse rápidamente a nuevas situaciones.
6. Habilidad para el análisis sistemático y analítico: ser capaz de detectar similitudes no obvias, abstraerlas y encuadrar diferentes aspectos de la tarea en un esquema sistemático.

Conocimientos personales

1. Conocimiento de las prestaciones del producto: sus contextos y sus posibles relaciones e implicaciones con el producto.
2. Conocimiento del producto desde el punto de vista técnico.
3. Conocimiento de los procesos de producción.

Habilidades/destrezas personales

1. Habilidad para actuar, considerando las múltiples implicaciones técnicas y de producción de cada decisión.
2. Habilidad para actuar, evaluando el coste y las implicaciones financieras de cada decisión.
3. Habilidad para prever los problemas técnicos relacionados con cada elección o decisión.
4. Habilidad para ofrecer apoyo técnico al cliente y los colaboradores.
5. Habilidad para explicar con claridad el producto y su valor al cliente.
6. Habilidad para dar respuestas rápidas y efectivas a clientes y colegas.
7. Capacidad de obtener colaboración de los colegas para abordar las demandas de los clientes de manera rápida y fiable.
8. Habilidad para planificar, coordinar y organizar.

Competencias técnicas

1. Ayudar al cliente a identificar las soluciones que satisfacen mejor sus necesidades dentro de los límites que la empresa puede ofrecer y considera rentable.
2. Calcular el coste total de un componente, una familia de componentes, un producto o una familia de productos.
3. Planificar un sistema de producción que pueda producir eficientemente diferentes productos con el mismo proceso.

PERFIL
DIRECTOR DE LOGÍSTICA EN PERSONALIZACIÓN MASIVA

Aptitudes personales

1. Predisposición a la negociación: solucionar conflictos y mediar, identificando ventajas y desventajas de las partes.
2. Comprensión de las personas: atención a los demás y a sus necesidades.
3. Predisposición al trabajo en equipo; abierto a la cooperación con otros.
4. Motivado por objetivos y comprometido en las actividades de la empresa.
5. Tener confianza en sí mismo, hasta en circunstancias de reto.
6. Creatividad: tendente a reelaborar ideas preexistentes, a idear nuevas soluciones y a generar ideas innovadoras.
7. Visión amplia de cada situación y problema, sin dejar nunca de aprender.
8. Flexibilidad para cambiar sin esfuerzo aparente de una situación a otra y adaptarse rápidamente a nuevas situaciones.

Conocimientos personales

1. Comprensión de los límites y del potencial de la empresa.
2. Conocimiento de los procesos de interacción empresa-cliente.

Habilidades/destrezas personales

1. Habilidad para actuar según las necesidades, los indicios y las tendencias provenientes del mercado y del cliente.
2. Habilidad para actuar, evaluando el coste y las implicaciones financieras de cada decisión.
3. Habilidad para actuar, haciendo el seguimiento continuo de las actividades del proceso para cumplir con la calidad y los tiempos de entrega convenidos.
4. Habilidad para actuar, considerando el impacto de la decisión en la flexibilidad de la producción y la logística.
5. Habilidad para personalizar la distribución del producto.
6. Habilidad para desarrollar una red flexible de suministros.
7. Habilidad para utilizar cada interacción con el cliente a fin de entender la evolución de sus necesidades.
8. Habilidad para dar respuestas rápidas y efectivas a clientes y colegas.
9. Capacidad de obtener colaboración de los colegas para abordar las demandas de los clientes de manera rápida y fiable.
10. Estar orientado al cliente: ser capaz de pensar como el cliente, comprometerse a entender sus necesidades específicas y responder de manera fiable.
11. Habilidad para planificar, coordinar y organizar

Competencias técnicas

Ninguna.

PERFIL
Técnico de logística en personalización masiva

Aptitudes personales

1. Predisposición a la negociación: solucionar conflictos y mediar, identificando ventajas y desventajas de las partes.
2. Predisposición al trabajo en equipo; abierto a la cooperación con otros.
4. Motivado por objetivos y comprometido en las actividades de la empresa.
6. Tener confianza en sí mismo, hasta en circunstancias de reto.
5. Creatividad: tendente a reelaborar ideas preexistentes, a idear nuevas soluciones y a generar ideas innovadoras.
6. Visión amplia de cada situación y problema, sin dejar nunca de aprender.
7. Flexibilidad para cambiar sin esfuerzo aparente de una situación a otra y adaptarse rápidamente a nuevas situaciones.

Conocimientos personales

1. Conocimiento de los procesos de interacción empresa-cliente.
2. Conocimiento de los procesos de producción.

Habilidades/destrezas personales

1. Habilidad para utilizar los recursos disponibles de manera flexible.
2. Habilidad para actuar según las necesidades, los indicios y las tendencias provenientes del mercado y del cliente.
3. Habilidad para actuar, haciendo el seguimiento continuo de las actividades del proceso para cumplir con la calidad y los tiempos de entrega convenidos.
4. Habilidad para actuar, considerando el impacto de la decisión en la flexibilidad de la producción y la logística.
5. Habilidad para personalizar la distribución del producto.
6. Habilidad para usar tecnologías de la información (aplicaciones informáticas) con objeto de gestionar la personalización.
7. Habilidad para identificar y usar toda la información disponible antes de iniciar una actuación.
8. Habilidad para dar respuestas rápidas y efectivas a clientes y colegas.
9. Capacidad de obtener colaboración de los colegas para abordar las demandas de los clientes de manera rápida y fiable.
10. Estar orientado al cliente: ser capaz de pensar como el cliente, comprometerse a entender sus necesidades específicas y responder de manera fiable.
11. Habilidad para planificar, coordinar y organizar.

Competencias técnicas

Ninguna.

7.2 Plan de formación de expertos en personalización masiva

Tras el análisis por un panel de expertos de las distintas competencias, el equipo de investigación se puso a trabajar sobre las necesidades formativas asociadas a cada una de ellas. Finalmente, tales necesidades fueron agrupadas en *módulos formativos* con diferentes categorías o unidades de competencia profesional.

Los resultados finales, presentados a continuación, resumen las necesidades formativas en personalización masiva establecidas, así como su agrupación en dichas unidades de competencia profesional.

Este resumen puede utilizarse como punto de partida por cualquier empresa que tenga el propósito de iniciar la migración hacia una estrategia de personalización masiva. La elaboración del plan puede responder a una necesidad global de la compañía o a las necesidades concretas de los principales colectivos implicados.

La siguiente tabla debe leerse observando como premisa que los títulos presentados pueden responder a un módulo en sí mismo, o bien como diferentes unidades didácticas que en conjunto podrían configurar un módulo más amplio.

Por ejemplo: «Conocimientos básicos de marketing» podría ser un módulo de formación independiente o integrarse junto con otros («Herramientas para entender el mercado», «Técnicas de recogida de información», etc...) en un módulo más completo que podríamos denominar: «Marketing en personalización masiva».

La definición de un itinerario formativo individual deberá llevarse a cabo confrontando la competencia profesional actual del «formando» (conocimientos y habilidades) y las competencias requeridas para enfrentarse con garantías de éxito a la implantación de la estrategia competitiva basada en la comercialización de productos masivamente personalizados.

Unidad de competencia profesional		*Módulo/s formativo/s*
Mercado	Marketing y personalización masiva	Conocimientos básicos de marketing
		Herramientas para entender el mercado
		Técnicas de recogida de información
		Técnicas para analizar los informes de los estudios de mercado
		Benchmarking
		Nuevas estrategias de marketing
		Comercio electrónico
		Nuevas tecnologías aplicadas a las nuevas estrategias de marketing
	Cliente	Conocimiento del cliente y su sector
		Fidelización de clientes

Empresa y negocio	Conocimiento del negocio y el sector	
	Planificación estratégica	
	Personalización masiva: nuevo reto empresarial	Estrategia de personalización masiva.
		Implantación de estrategia de personalización masiva.
	Estilo de gestión: gestión por objetivos	
	Gestión por procesos	Modelo de gestión por procesos.
		Mapa de procesos.
		Procesos clave en personalización masiva.
	Producto	Materias primas y materiales.
		Características técnicas y potencial de personalización.
	Finanzas	Finanzas para no financieros.
		Análisis, control y gestión de costes.
	Relaciones departamentales	Procesos y responsabilidades departamentales.
		Comunicación interdepartamental.
	Recursos y medios productivos y tecnológicos	
	Gestión del conocimiento	

Proyectos	Gestión de proyectos	Planificación de proyectos.
		El equipo de proyecto.
		Herramientas de gestión de proyectos.
		Evaluación de la viabilidad del proyecto.
		Gestión de los recursos del proyecto.
	Aplicaciones informáticas en la gestión de proyectos	

Procesos	Procesos de diseño	Ingeniería simultánea: diseño para industrialización.
		Configuración de producto.
		Diseño de producto modulado.
		Técnicas de apoyo en planificación del diseño: QFD, AMFE.
		Tecnologías y aplicaciones avanzadas para el diseño: CAD/CAM.
	Procesos de producción (trabajar bajo pedido)	Producción ágil y flexible *(Lean manufacturing)*.
		TPM (Mantenimiento total de la productividad).
		SMED *(Single Minute Exchange of Die)*.
		Nuevas tecnologías de la producción.
	Procesos logísticos	Logística y personalización masiva.
		Cadena de aprovisionamiento ágil.
		Homologación de proveedores.

Metodología	Metodología de gestión de la información	Recopilación de la información.
		Estructuración y análisis.
		Elaboración de informes.
	Metodología de mejora continua	
	Metodologías para el análisis de problemas y la toma de decisiones	Metodología y técnicas para el análisis de problemas.
		Herramientas para el análisis de problemas (C-E, Kepner Tregoe, Global 8D, etc.).
		Metodología y técnicas para la toma de decisiones.
		Metodología para el análisis de problemas potenciales.
	Metodología de mejora de métodos y procesos	

Tecnologías de la información y la comunicación	Ofimática	Textos / Hoja de cálculo / Bases de datos / Presentaciones.
		Internet y correo electrónico.
	Aplicaciones informáticas de gestión	CRM *(Customer Relationship Management)*.
		PLM *(Product Lifecycle Management)*.
		ERP *(Enterprise Resource Planning)*.
		SCM *(Supply Chain Management)*.
		Entornos tecnológicos y personalización masiva.

Habilidades sociales	Comunicación	Comunicación y escucha activa.
		Argumentación y persuasión.
		Empatía y asertividad.
	Trabajo en equipo	Trabajo en equipo.
		Nuevos estilos de liderazgo.
		Empowerment.
		Gestión del conflicto.
	Inteligencia emocional	
	Negociación	
	Creatividad e innovación	
	Técnicas de presentación	
	Idiomas	

Tabla 7.1. Necesidades formativas en personalización masiva.

Capítulo 8

Reflexiones finales

El sistema de producción masiva ha dominado la producción mundial como un paradigma que se ha ido retroalimentando y fortaleciendo. Esto ha sido gracias, por un lado, a mercados internos cada vez más amplios a causa del incremento de poder adquisitivo en los países desarrollados y, por el otro, a la continua aparición de nuevos mercados en países emergentes.

Los cambios económicos, demográficos y, sobre todo, tecnológicos han ido modificando la percepción que los consumidores tienen de los productos y servicios que reciben. La producción masiva para satisfacer mercados homogéneos ya no proporciona los mismos resultados de épocas anteriores en los países desarrollados. Actualmente, el mundo de los negocios se enfrenta a unas tremendas fuerzas de cambio. Fuerzas mucho más poderosas si se pretende estar a la cabeza siendo líderes en un determinado sector.

Los consumidores ya no son grupos sino individualidades. Hasta hace poco, uno de los preceptos del consumidor era sentirse integrado y aceptado socialmente presentándose como un igual ante los demás. Las conciencias, o mejor dicho, la autoconciencia, auspiciada por un crecimiento del poder económico sin precedentes en nuestra historia, ha despertado esas individualidades y el impulso a sentirse importante y, más aún, único y diferente. El hedonismo, no lo olvidemos, es consustancial a la esencia humana, así como lo es para todo el reino animal. Lo manifestaba Epicuro en la antigua Grecia cuando reclamaba: «¿Por qué no salir de este mundo como el convidado satisfecho de un banquete?».

La búsqueda del placer y la satisfacción de sentirse vivo y diferente se ha extendido como una mancha de aceite sobre el planeta. La reivindicación de esa individualidad y esa conciencia de uno mismo se ha canalizado a través del deseo creciente de querer presentarse ante los demás como diferente y único, como «yo».

La fragmentación de los mercados, que progresivamente ha ido acompañando este proceso hacia la individualización, se ha materializado en lo que B. Joseph Pine II identificó como «La nueva frontera en la competencia empresarial» y que no es otra cosa que, sin renunciar a los avances y logros alcanzados, volver a aquella ilusión del pasado cuando nos dirigíamos a un artesano y le explicábamos nuestras necesidades para que nos proporcionase un producto que se adaptase a ellas y, sobre todo, hecho para nosotros.

La personalización masiva ha irrumpido como una respuesta directa a estos cambios que se están produciendo en los mercados. En realidad, no sabemos el impacto final que tendrá en ellos, pero sin duda no podemos permanecer indiferentes y esperar el devenir de los acontecimientos. Ésta podría ser nuestra oportunidad.

Bibliografía

Anderson, David M. *Built to order & Mass customization*, CIM Press, California, 2004.

Anderson, David M. Design for manufacturabilty & Concurrent engineering, CIM Press, California, 2003.

Adrian Mello. «Bulletproof your supply chain», *ZDNet Tech Update*, 31 de octubre de 2001, techupdate.zdnet.com.

Elías, Joan. *Clientes contentos de verdad*, Ediciones Gestión 2000, Barcelona, 2000.

Forza, Cipriano; Salvador, Fabrizio. *Configurazione di prodotto*, Mcgraw-Hill, Milano, 2003.

Gilmore, J. H.; Pine, B. J. II. «The four faces of mass customization», *Harvard Business Review*, vol. 75, núm. 1 (1997), pág. 91-101.

Hart, C. H. L. «Mass customization: conceptual underpinnings, opportunities and limits», *International Journal of Service Industry Management*, vol. 6, núm. 2 (1995), pág. 36-45.

ISO 900:2000. *Sistemas de gestión de la calidad. Fundamento y vocabulario.*

Lee, C. -H. Sophie; Barua, Antesh; Whinston, Andrew. «The complementarity of mass customization and electronic commerce», *Economics of Innovation & New Technology*, 9(2), pág. 81-110, 2000.

Maskell, Brian. «Software and the agile manufacturer: computer systems and world class manufacturing», *Productivity Press,* noviembre de 1993.

Piller, Frank. Customer interaction and digitalizability - a structural approach to mass customization, www.Prof-reichwald.de.

Piller, Frank; Moeslein, Katrhrin; Christof Stotko. «Does mass customization pay? An economic approach to evaluate customer integration», *Production Planning & Control,* 15, 2004.

Pine, B. J. II. «Mass Customization. The New Frontier in Business Competition», *Harvard Business School Press,* Boston, 1993.

Pine, B. J. II; James H. Gilmore. «The Experience Economy, Work is Theatre and Every Business a Stage», *Harvard Business School Press,* Boston, 1999.

Ramírez, Rafael. «Value co-production: intellectual origins and implications for practice and research», *Strategic Management Journal,* 20(1), pág. 49-65, 1999.

Saiss, M.; Wilding, R. «Short-term strategic management in mass customized markets», *Logistics Information Management,* vol. 10, núm. 5 (1997), pág. 199-207.

Stanley, Davis. *Future perfect,* Reading, Addison-Wesley, 1987.

Tett, R. P.; Guterman, H. A.; Bleier, A.; Murphy, P. J. «Development and content validation of a «hyperdimensional» taxonomy of managerial competence», *Human Performance,* 13 (2000), pág. 205-251.

Torbenson, Eric. «Mass customization: providing companies a competitive edge», www.cio.com.

Vickery, S.; Droge, C.; Germain, R. «The relationship between product customization and organizational structure», *Journal of Operation Management,* vol. 17 (1999), pág. 377-391.

Zipkin, Paul. «The limits of Mass customization», *Sloan Management Review,* 42(3): pág. 81-87, 2001.

www.di.net/article.php?article id=95.

www.mass-customization.de, TUM Research Center Mass Customization & Customer Integration in Munich, Alemania.

www.mcustomization.de, Mass Customization Centre at the Fraunhofer Institute, Alemania.

www.mcrnottingham.org, Mass Customization Research Centre, UK, Reino Unido.

Guía documental para exportar e importar. Los 12 documentos clave
Alberto García Trius

Mass customization. Las claves de la personalización masiva
Blas Gómez Gómez

Crédito documentario. Guía para el éxito en su gestión
Cristina Peña Andrés, Amelia de Andrés Leal

Guía práctica de las reglas Incoterms® 2010
David Soler

Certificación Lean Six Sigma Green Belt para la excelencia en los negocios
Lean Six Sigma Institute, SC

Certificación Lean Six Sigma Yellow Belt para la excelencia en los negocios
Lean Six Sigma Institute, SC

Negociación intercultural. Estrategias y técnicas de negociación internacional
Domingo Cabeza, Pelayo Corella, Carlos Jiménez

Las reglas Incoterms® 2010. Manual para usarlas con eficacia
Alfonso Cabrera Cánovas

Regímenes aduaneros económicos y procesos logísticos en el comercio internacional
Pedro Coll

Inglés náutico normalizado para las comunicaciones marítimas
José Manuel Díaz Pérez

Shipping & Commercial Case Law
Albert Badia

Gestión medioambiental en la industria
José M.ª Suris

Gestión financiera del comercio internacional
Josep M.ª Casadejús

Personalización masiva
Blas Gómez

Manual de gestión aduanera. Normativas del comercio internacional y modelos de integración económica
Pedro Coll

Los abordajes en la mar
Carlos F. Salinas

El desorden sanitario tiene cura. Desde la seguridad del paciente hasta la sostenibilidad del sistema sanitario con la gestión por procesos
Rajaram Govindarajan

Gestión y liderazgo en una empresa de seguros
Simón Mahfoud y Digna Peña

Avda. Alcalde Moix, 28 – 08207 Sabadell (Barcelona) – Tel. +34-931 429 486 – marge@margebooks.es – www.margebooks.es